»Von Lothar Seiwert habe ich gelernt: ›I[...]‹ [...] reativer als manche andere.‹ Danke, Lothar[...]
Sabine Asgodom, Autorin von *Eigenlob*[...]
www.asgodom.de

»Wenn Ihnen Ihr Leben wie ein Hamsterrad vorkommt, dann sollten Sie unbedingt dieses Buch lesen. Es zeigt Ihnen, wie Sie Ihr eigenes Tempo leben und Ihre Träume und Visionen wahr werden lassen.«
Ken Blanchard, Coautor von *Der Minuten-Manager,* www.kenblanchard.com

»Wir hätten alle genügend Zeit, wenn wir wüssten, was wir wirklich wollen. Dieses Buch von Prof. Lothar Seiwert hilft Ihnen, den Dreh- und Angelpunkt in Ihrem Leben zu finden.«
Nikolaus B. Enkelmann, Autor von *Charisma,* www.Enkelmann.de

»Lothar Seiwert ist es wie keinem anderen gelungen, mit diesem Buch die ultimativen Gesetze von Zeit und Erfolg zu vermitteln.«
Edgar K. Geffroy, Autor von *Das Einzige, was stört, ist der Kunde,* www.geffroy.com

»Nichts raubt dem Körper so viel an Gesundheit und Lebensfreude wie Stress – dieses Buch schenkt Ihnen fröhliche Lebenszeit.«
Marion Grillparzer, Autorin von *KörperWissen,* www.mariongrillparzer.de

»Zeitlose Weisheiten zum drängendsten Thema der Zeit! Wann sollten Sie dieses Buch lesen? Ganz einfach: Genau dann, wenn Sie eigentlich keine Zeit haben.«
Dr. med. Eckart von Hirschhausen, Autor von *Arzt-Deutsch / Deutsch-Arzt,* www.hirschhausen.com

»Das Geheimnis eines gelassenen, glücklichen Lebens ist so genial einfach wie der Titel dieses Buchs: Qualität liefern, wenn alle Welt nur mehr, mehr, mehr Quantität haben will.«
Werner Tiki Küstenmacher, Coautor von *simplify your life,* www.simplifyyourlife.de

»Lothar Seiwert ist wieder ein hervorragendes Buch gelungen: interessant im Inhalt, einfach in der Umsetzung und kurzweilig zu lesen.«
Jörg Löhr, Autor von *Lebe deine Stärken!,* www.joerg-loehr.com

»Dieses einmalig spannende und richtungweisende Buch zeigt Ihnen, wie Sie Ihre beruflichen Anforderungen und privaten Wünsche endlich in Balance bringen.«
Anthony Robbins, Autor von *Das Robbins Power Prinzip,* www.tonyrobbins.com

»Die einmaligen Techniken, Tipps und Strategien aus diesem wundervollen Buch werden Ihnen helfen, im Beruf mehr zu erreichen denn je und im Privatleben glücklicher zu werden, als Sie jemals zu träumen wagten.«
Brian Tracy, Autor von *Ziele* und *Das Maximum-Prinzip,* www.briantracy.com

»If you always do
what you always did,
you will always get
what you always got!«

Abraham Lincoln

•

Prof. Dr. Lothar J. Seiwert ist Europas führender und bekanntester Experte für das neue Zeit- und Lebensmanagement. Kaum ein anderer Sachbuchautor und Business-Speaker dürfte so häufig ausgezeichnet worden sein: Prof. Seiwert erhielt in den letzten Jahren mehr als zehn Awards, u. a. den *Benjamin-Franklin Preis* (»Bestes Business-Buch des Jahres«) den *Internationalen Deutschen Trainingspreis*, den *Life Achievement Award* für sein Lebenswerk oder den *Conga-Award* der Deutschen Veranstaltungsbranche. Die *German Speakers Association* ehrte ihn mit der Aufnahme in die Hall of Fame der besten Vortragsredner.

Der international erfolgreiche Bestsellerautor (mehr als vier Millionen verkaufte Bücher in über 30 Sprachen) leitet die Heidelberger *Seiwert Keynote-Speaker GmbH* und konzentriert sich konsequent auf die Themen *Time-Management, Life-Leadership*® und *Work-Life-Balance*. Ab Herbst 2009 übernimmt Lothar Seiwert das Amt des Präsidenten der *German Speakers Association* (GSA).
E-Mail: info@seiwert.de – Internet: www.seiwert.de

Dr. Ann McGee-Cooper (Autorin von Kapitel 3) berät Unternehmen in Kreativität und ganzhirnigem Zeitmanagement. Sie lebt in Dallas, Texas, und ist die Autorin von *Time Management for Unmanageable People* und *You Don't Have to Go Home from Work Exhausted*.

Lothar J. Seiwert

Wenn du es eilig hast, gehe langsam

Mehr Zeit in einer beschleunigten Welt

Mit einem Geleitwort von Brian Tracy
und Illustrationen von Werner Tiki Küstenmacher

Campus Verlag
Frankfurt/New York

Copyright: »Life-Leadership®« ist eine eingetragene, geschützte Marke von
Lothar J. Seiwert, Heidelberg.

Bibliografische Information der Deutschen Nationalbibliothek:
Die Deutsche Nationalbibliothek verzeichnet diese Publikation in der
Deutschen Nationalbibliografie. Detaillierte bibliografische Daten sind
im Internet unter http://dnb.d-nb.de abrufbar.
ISBN 978-3-593-37665-3

14., durchgesehene Auflage 2009

Das Werk einschließlich aller seiner Teile ist urheberrechtlich geschützt.
Jede Verwertung ist ohne Zustimmung des Verlags unzulässig. Das gilt
insbesondere für Vervielfältigungen, Übersetzungen, Mikroverfilmungen
und die Einspeicherung und Verarbeitung in elektronischen Systemen.
Die Seiten 96–102 und 122–124 mit freundlicher Genehmigung aus dem
Lehrwerk »Unternehmer-Energie« der Schmidt Colleg GmbH, Bayreuth.
Copyright © 1998/2005 Campus Verlag GmbH, Frankfurt/Main
Umschlaggestaltung: Guido Klütsch, Köln
Umschlagmotiv: zefa visual media, Düsseldorf
Illustrationen: Werner Tiki Küstenmacher
Satz: Fotosatz L. Huhn, Maintal-Bischofsheim
Druck und Bindung: Druck Partner Rübelmann, Hemsbach
Gedruckt auf säurefreiem und chlorfrei gebleichtem Papier.
Printed in Germany

Besuchen Sie uns im Internet: www.campus.de

Inhalt

Geleitwort von Brian Tracy 7
Vorwort zur Jubiläumsausgabe 9
Zum Aufbau des Buches 11

Teil I
Auf der Suche nach einer neuen Zeitkultur 13

- Abschied vom Zeitmanagement? 15
- Ent-schleunigen – und Zeit gewinnen 20
- TimeShift – Veränderungen im Zeitmanagement 23
  (von Ann McGee-Cooper)
- Vom Zeitmanagement zum Lebensmanagement 62
- Ganzheitliches Zeit- und Lebensmanagement:
  Work-Life-Balance 69

Teil II
Vier Schritte zur persönlichen Zeitsouveränität
und Effektivität 77

- Ihre persönliche Erfolgspyramide zur Effektivität 79
- Erster Schritt: Vision, Leitbild und Lebensziel
  entwickeln 87
- Zweiter Schritt: Lebenshüte oder Lebensrollen festlegen . 126
- Dritter Schritt: Prioritäten wöchentlich effektiv planen . 141
- Vierter Schritt: Tagesarbeit effizient erledigen 157

Teil III
Zeitmanagement als Schlüssel zur Work-Life-Balance ... 167

- 🕐 Eigen-Sinn für ein Leben in Balance 169
- 🕐 Ihr Weg zum Glück 188

Ich wünsche dir Zeit 202

Danke! 205

Literatur 207

Register 214

Wenn ...

»Wenn ich mein Leben noch einmal leben könnte,
würde ich im nächsten Leben viel mehr Fehler machen,
ich würde nicht immer so perfekt sein wollen,
ich würde mich mehr entspannen,
ich wäre ein bisschen verrückter als ich gewesen bin,
ich würde viel weniger Dinge so ernst nehmen,
ich würde nicht so gesund leben,
ich würde mehr riskieren, würde mehr reisen,
Sonnenuntergänge betrachten, mehr bergsteigen,
mehr in Flüssen schwimmen.

Ich war einer dieser klugen Menschen,
die jede Minute ihres Lebens fruchtbar verbrachten.
Freilich hatte ich auch Momente der Freude.

Aber wenn ich noch einmal anfangen könnte,
würde ich versuchen, nur mehr gute Augenblicke zu haben.

Falls du es noch nicht weißt: aus diesen besteht nämlich das Leben.

Nur aus Augenblicken,
vergiss nicht den jetzigen.

Wenn ich noch einmal leben könnte,
würde ich von Frühlingsbeginn an
bis in den Spätsommer barfuß gehen.
Und ich würde mehr mit Kindern spielen,
wenn ich das Leben noch vor mir hätte.

Aber sehen Sie, ich bin 85 Jahre alt und weiß,
dass ich bald sterben werde.«

Jorge Luis Borges,
Schriftsteller, 1899–1986

Geleitwort von Brian Tracy

Lothar Seiwert ist nicht nur der Experte zum Thema Zeit- und Lebensmanagement. Er ist weltweit bekannt als Erfolgstrainer und Bestsellerautor. Und: Wir sind seit vielen Jahren eng befreundet. Deshalb freue ich mich sehr, das Geleitwort zu seinem Erfolgstitel »*Wenn du es eilig hast, gehe langsam*« schreiben zu dürfen.

Als ich *Lothar Seiwert* und seine Bücher kennen lernte, war ich erstaunt. Seine Erkenntnisse und Methoden gingen weit über das hinaus, was bislang an Zeitmanagement-Büchern und -Seminaren im englischsprachigen Raum geboten wurde. Für ihn ist *Zeitmanagement* viel mehr als eine Arbeitstechnik, um alles immer noch schneller und effizienter zu erledigen. Lothar Seiwert hat Zeitmanagement ganz neu definiert. Zeitmanagement wie er es versteht ist *Life-Leadership®* – Selbstmanagement und aktive Lebensgestaltung.

Mit »*Wenn du es eilig hast, gehe langsam*« gibt Lothar Seiwert die Antwort auf den Tempo-Trend unserer Zeit. Er zeigt, wie man seine Produktivität und Leistungsfähigkeit gezielt steigert und gleichzeitig sein Familien- und Privatleben bewusst genießen kann:

- Was will ich in meinem Leben erreichen?
- Wo liegen meine Stärken und Talente?
- Was ist mir persönlich wichtig?

Erfolgreiche Menschen haben eine ganz klare Vorstellung von ihrer *Zukunft*. Und wie sieht es bei Ihnen aus? Arbeit, Familie, Gesundheit und Werte: Wenn Sie einen Zauberstab hätten und sich

Ihre Wünsche für alle vier Lebensbereiche erfüllen könnten, wie würde Ihr Leben dann aussehen?

Seinen *ganzheitlichen Ansatz zum Zeit- und Selbstmanagement* entwickelt *Lothar Seiwert* auf der Grundlage einer klaren Lebensvision, festen Wertvorstellungen und ganz konkreten Zielen und Prioritäten. Anschaulich zeigt er, wie Sie Ihre persönliche Lebensvision entwickeln und konsequent umsetzen. Sie erfahren, wie Sie dem Diktat des Dringlichen entkommen, gekonnt Prioritäten setzen und so Ihre beruflichen Ziele und privaten Wünsche verwirklichen.

Mit den vielfältigen Anregungen und Tipps von *Lothar Seiwert* wird es Ihnen leicht fallen festzulegen, was Ihnen jeden Tag, jede Stunde und in jedem der vier Lebensbereiche besonders wichtig ist. So können Sie sich auf Ihre Prioritäten und Ziele konzentrieren, Ihren Alltag ganz bewusst entschleunigen und eine *ausgewogene Zeit-Balance zwischen Berufs- und Privatleben* finden.

Nachdem Sie dieses Buch gelesen haben, wissen Sie ganz genau, was zu tun ist, *wenn Sie es eilig haben – langsam gehen!* Wenn Sie die Methoden von *Lothar Seiwert* umsetzen, werden Sie in Zukunft weit mehr erreichen als in all den Jahren zuvor. Sie werden genau die Dinge verwirklichen, die Ihnen wichtig sind, und Ihr Leben viel mehr genießen, als Sie jemals gehofft hatten.

Wenn Sie sich intensiv mit »*Wenn du es eilig hast, gehe langsam*« beschäftigen und die Inhalte nach und nach verinnerlichen, dann werden Sie ein anderer Mensch: Sie werden nicht nur produktiver und effizienter, sondern auch positiver, optimistischer und fröhlicher. Kurzum: Sie erledigen mehr, brauchen weniger Zeit dafür, und Sie genießen jeden Schritt auf dem Weg zu *mehr Zeit- und Lebensqualität.*

Mit den besten Wünschen

Brian Tracy
Internationaler Speaker, Bestseller-Autor von *Ziele*, www.briantracy.com

Vorwort zur Jubiläumsausgabe
Trendsetter und Longseller:
10 Jahre »Wenn du es eilig hast, gehe langsam«

»Die Zeit, die wir uns nehmen,
ist die Zeit, die uns etwas gibt.«
Ernst Ferstl

Zeit haben – Zeit nehmen – Zeit schenken: Gönnen Sie sich öfter einmal eine Auszeit zum Anhalten, Aufatmen und Auftanken. Erobern Sie sich kleine zeitlose Freiräume im Alltag und lassen Sie sich nicht permanent von den *eilig* fortschreitenden Uhrzeigern beherrschen. Denn Zeit ist weit mehr, als die Uhr anzeigt.

Als 1998 die erste Auflage von »*Wenn du es eilig hast, gehe langsam*« auf den Markt kam, waren diese Gedanken geradezu revolutionär. Bis dahin wurde Zeitmanagement „nur" als wirkungsvolle Arbeitstechnik betrachtet, die uns helfen sollte, in immer kürzerer Zeit immer mehr zu leisten. Doch dieses Buch hat ganz neue Trends in Sachen Zeitmanagement gesetzt. Von nun an standen nicht mehr Höchstleistung und Höchstgeschwindigkeit im Mittelpunkt. Vielmehr ging es um die ausgewogene *Zeit-Balance* zwischen Speed und Downsizing, zwischen beruflichen Anforderungen und privaten Wünschen.

»*Wenn du es eilig hast, gehe langsam*« ist ein motivierender Wegweiser zu mehr Zeit und Lebensqualität. Hier finden sich vielfältige Antworten auf den ungesunden Tempo-Trend unserer hektischen Zeit. Dieses Buch belegt eindrucksvoll: Zeitmanagement ist weit mehr als das Erstellen von dicht gedrängten Tagesplänen und das systematische Abhaken von To-do-Listen. Modernes Zeitmanagement bedeutet *Life-Leadership*® und steht für verantwortungsvolles *Selbstmanagement und aktive Lebensgestaltung.*

Längst hat sich »*Wenn du es eilig hast, gehe langsam*« als Standardwerk und absoluter Longseller etabliert. Es wurde in mehr als 15 Sprachen übersetzt und weltweit sind über 250 000 Exemplare verkauft worden. Natürlich ist es etwas ganz Besonderes, dass es nach 10 Jahren nun auch eine *Jubiläums-Ausgabe* gibt. Der wunderbare Erfolg dieses Buches zeigt, wie wichtig es ist, sich Zeit zu nehmen, Zeit bewusst zu erleben und auszukosten. Es gilt, sein eigenes Tempo und seinen eigenen Rhythmus zu finden. Dann weiß man auch genau, was zu tun ist, wenn man es wieder einmal ganz besonders *eilig hat – langsam gehen!* Nur so kann man Zeitmanagement neu entdecken – als Schlüssel zu mehr Zeit, zu mehr Glück und Lebensfreude!

In diesem Sinne wünsche ich Ihnen alle *Zeit* der Welt –

Ihr *Lothar J. Seiwert*

www.seiwert.de
info@seiwert.de

Heidelberg, im Sommer 2008

Zum Aufbau des Buches

Zeit, Zeitmanagement und Lebensqualität – für viele von uns ein Balanceakt auf dem Hochseil. Oftmals scheint der Absturz bereits vorprogrammiert. Dass es ein Sicherungsnetz gibt, belegen die neuesten Entwicklungen im Zeitmanagement.

Mit dem vorliegenden Buch möchte ich Ihnen einen verständlich geschriebenen Leitfaden an die Hand geben, der Sie schrittweise mit den Grundlagen des modernen *Life-Leadership®* vertraut macht:

- In Teil I werden die wichtigsten Entwicklungen der *neuen Zeitkultur* skizziert: Einerseits erhöhen Leistung und Wettbewerbsanforderungen die Geschwindigkeit in unserem Leben, andererseits erfordert der natürliche Zeitrhythmus ein »Runterschalten«. Die Antwort auf den Tempo-Trend ist aber nicht Langsamkeit, sondern eine ausgewogene *Zeitbalance* zwischen beruflichen Anforderungen und persönlichen Lebenszielen.
Effektives Zeitmanagement berücksichtigt gleichermaßen Geschwindigkeit und Langsamkeit, es lässt Raum für beides: Es geht nicht um »Entweder-Oder«, sondern im taoistischen Sinne um »Sowohl-Als auch«.

- Teil II beschäftigt sich damit, wie die beiden Elemente der neuen Zeitkultur in ein *effektives Selbstmanagement* eingebunden werden können.

Ein *vierstufiges Erfolgsprogramm* mit praxisorientierten Übungen und Beispielen zeigt ganz konkret, wie Sie Ihr Leben selbstbestimmt gestalten können.

Am Anfang steht Ihre *persönliche Lebensvision* mit Ihren konkreten Lebenszielen (1. Schritt), dann nehmen wir die *Lebenshüte oder -rollen*, die Ihr Leben bestimmen, ins Visier (2. Schritt). Die praktische Umsetzung Ihrer Lebensvision erfolgt mit den beiden letzten Schritten: *wöchentliche Prioritätenplanung* (3. Schritt) und *Zeitmanagement im Tagesgeschäft* (4. Schritt), wobei großer Wert auf Ihre persönlichen Freiräume gelegt wird. Selbstverständlich spielen auf jeder Ebene Ihrer persönlichen Erfolgspyramide Be- und *Entschleunigung* eine dominierende Rolle.

- Teil III ist ganz dem Aspekt *Zeitmanagement als Schlüssel zur Work-Life-Balance* gewidmet: der Entwicklung eines gesunden *Eigen-Sinns,* um sich auf das zu besinnen, was uns wirklich wichtig ist, um die Richtung unseres Lebens selbst zu bestimmen und eigene Wert-, Sinn- und Zielentscheidungen zu treffen. Ein eigen-sinniger Mensch fragt sich nicht nur, was er erreichen möchte, sondern vor allem *wozu*. Hierzu gehören das Setzen von Zufriedenheits-Zielen, das Finden des eigenen Tempos, das Aufspüren unser persönlichen Stressoren und die Umwandlung von Stress in Flow.

Vor allem aber müssen wir *Ja sagen zu unserem Glück*: Es ist wichtig, dass wir etwas für unser Glück tun; mindestens ebenso wichtig ist es aber, unserem eigenen Glück nicht im Weg zu stehen.

Teil I

*Auf der Suche nach
einer neuen Zeitkultur*

Abschied vom Zeitmanagement?

»Don't work hard, work smart.«
Amerikanische Managerweisheit

Zeitmanagement ist in den letzten Jahren zunehmend in die Diskussion und auch in die Kritik geraten: »Abkehr vom Tempowahn«, »Epidemie des Zeitwettbewerbs«, »Werfen Sie Ihr Zeitplanbuch weg« lauten medienwirksame Schlagzeilen.

»Entschleunigung«, »Eigenzeit« oder »Langsamer ist schöner« sind die neuen zeitökologischen Parolen: »Die Mitglieder verpflichten sich zum Innehalten, zur Aufforderung zum Nachdenken ... «, heißt es in den Statuten des *Vereins zur Verzögerung der Zeit*. Die Vereinigung *Slow Food* wehrt sich gegen die Verflachung des Essens durch *Fast Food* und setzt ihm den Reichtum der Geschmäcker aller regionalen Küchen entgegen. Sten Nadolnys Bestseller *Die Entdeckung der Langsamkeit* hat längst Kultstatus erreicht: Sein Romanheld, ein notorisch langsamer Mensch, findet ganz allmählich heraus, dass sein angeborenes Schneckentempo kein Handicap, sondern eine unerschöpfliche Quelle von Energie und Kreativität ist.

Inzwischen sind auch bei uns die *Slobbies* auf dem Vormarsch. Die Abkürzung steht für »Slower but better working people«, zu Deutsch: »langsamer, aber besser arbeitende Menschen«, die sich weigern, Geschwindigkeit als einziges Leistungskriterium zu akzeptieren und stattdessen versuchen, der Langsamkeit produktive und kreative Seiten abzugewinnen.

Ist Zeitmanagement demnach out? Sicher nicht! All das spiegelt lediglich eine *Trendwende im Zeitmanagement* wider.

Zeitmanagement als Arbeitstechnik, Erfolgsmethode oder Lebenskonzept ist aktueller denn je. Allerdings muss das *neue* Zeitmanagement andere Denkansätze und Inhalte berücksichtigen.

Geschichte von der Langsamkeit der Seele
Damals, als noch keine Straßen das Land durchschnitten und es noch keine Autos gab, um die Menschen so schnell wie der Wind vom Meer in die Berge zu bringen, kämpfte sich ein Missionar mit einer Schar von Trägern durch den afrikanischen Busch. Er hatte es eilig und trieb seine Führer zu immer schnellerem Gehen an, denn in drei Tagen wollte er sein Ziel erreichen.

Der dritte Morgen zog herauf, strahlend stand die Sonne am Himmel, die Luft flimmerte, das hohe Gras bewegte sich sacht, und die Vögel sangen. Der Missionar drängte zum Aufbruch, aber die Träger lagerten und wollten nicht aufstehen. Kein Zureden half, kein Befehlen, kein Drohen. Endlich fragte er nach dem Grund ihres Zögerns und erhielt zur Antwort: »Unsere Körper sind zwar hier, aber wir müssen noch warten, bis unsere Seelen nachgekommen sind.«

Quelle: Nossrat Peseschkian, Der nackte Kaiser.
© *1997 Pattloch Verlag GmbH & Co KG, München*

Schnelligkeit ist nicht alles, und so steht der *Wechsel vom traditionellen zum »neuen« Zeitmanagement* im Mittelpunkt dieses Buches: Die traditionellen Konzepte des Zeitmanagements werden im Hinblick auf die Erfordernisse unserer Zeit hinterfragt und überarbeitet.

»Das ist eine große Zeitersparnis«, sagte der Händler. »Die Sachverständigen haben Berechnungen angestellt. Man erspart dreiundfünfzig Minuten in der Woche.«
»Und was macht man mit diesen dreiundfünfzig Minuten?«
»Man macht damit, was man will ...«
»Wenn ich dreiundfünfzig Minuten übrig hätte«, sagte der kleine Prinz, »würde ich ganz gemächlich zu einem Brunnen laufen ...«
Quelle: Antoine de Saint-Exupéry, Der kleine Prinz.
© 1950 und 1998 Karl Rauch Verlag, Düsseldorf

80 Prozent der Bundesbürger bedauern, dass sich alles viel zu rasch verändert und betonen, dass sie es gerne etwas gemächlicher hätten. Kein Wunder, denn mit zunehmender Beschleunigung entsteht eine immer größere Lücke zwischen gelebter Zeitkultur und unseren natürlichen Zeit- und Lebensrhythmen.

In Malaysia, so berichtet der *Focus*, wurde infolge des rasanten Wirtschaftswachstums »selbst der Rhythmus der Nationalhymne beschleunigt« (»Malaysia – Ein Land will nach oben«, *Focus*).

Zeitmanagement als Zeitökologie

Das »neue« Zeitmanagement basiert auf einem anderen, einem angemessenen Umgang mit der Zeit. Es gilt, das rechte Zeitmaß zu finden, wobei die Rückkehr zu einer natürlichen Zeitordnung unumgänglich ist.

Früher lebten die Menschen in einem ausgewogenen Wechsel zwischen Aktivität und Ruhe – natürliche Rhythmusgeber bestimmten die »innere Uhr« des Menschen. Doch dann zwangen die ersten mechanischen Uhren den Menschen eine unnatürliche, lineare Zeitordnung auf. Mit den viel gepriesenen technologischen Innovationen des industriellen Zeitalters war es dann endgültig mit der Ruhe vorbei.

Heute ist die Rückkehr zu einer natürlichen Zeitordnung, wo man sich »Zeit lassen« kann, mehr denn je erforderlich.

Wer – egal, ob beruflich oder privat – ständig beschleunigt oder gehetzt wird, benötigt dringend als Ausgleich Ruhe, Entspannung und Zeit zum Abschalten.

Der Sonnenrufer
Auf dem Hühnerhof erkrankte der Hahn so schwer, dass man nicht damit rechnen konnte, dass er am nächsten Morgen krähen werde. Die Hennen machten sich daraufhin große Sorgen und fürchteten, die Sonne werde an diesem Morgen nicht aufgehen, wenn das Krähen ihres Herrn und Meisters sie nicht rufe.

Die Hennen meinten nämlich, dass die Sonne nur aufgehe, weil der Hahn kräht. Der nächste Morgen heilte sie von ihrem Aberglauben. Zwar blieb der Hahn krank, zu heiser, um krähen zu können, doch die Sonne schien; nichts hatte ihren Gang beeinflusst.
Quelle: Nossrat Peseschkian, Der Kaufmann und der Papagei.
© Fischer Taschenbuch Verlag GmbH, Frankfurt am Main 1997

TimeShift – Veränderungen im Zeitmanagement

Der Text stammt von Ann McGee-Cooper, Dallas/Texas und wurde ins Deutsche übertragen und bearbeitet von Lothar J. Seiwert.

Bislang standen die allgemeinen Veränderungen in unserer High-Speed-Gesellschaft im Mittelpunkt. Nun aber geht es um Ihren ganz persönlichen Umgang mit der Zeit. Ob neue Hetz-Krankheit, mono- beziehungsweise polychronische »Zeit«-genossen, divergente und konvergente Denker – gerade auf der persönlichen Ebene vollzieht sich ein grundlegender Wandel hin zu einer neuen Zeitkultur. Und das Gute daran ist: Auch diejenigen, die mit den klassischen Zeitmanagement-Methoden nichts oder nur wenig anfangen konnten, können nun von einem neuen Zeitmanagement mit *flexiblen Regeln* profitieren.

Zeitbewusstsein in einer beschleunigten Welt

- »Dafür habe ich jetzt einfach keine Zeit!«
- »Die Zeit ist zu knapp, dieser Termin ist nicht einzuhalten!«
- »Noch eine Besprechung? Vergiss es! Ich habe keine Zeit!«
- »Ich schaffe es nicht, mir Zeit für meine Familie und meine Hobbys zu nehmen.«
- »Ich weiß, dass ich gesünder essen sollte, aber ich habe keine Zeit, mich darum zu kümmern.«
- »Ich habe keine Zeit, alles im Voraus zu planen oder mir alles aufzuschreiben.«

- »Ich habe noch nicht mal Zeit, ein Zeitmanagement-Seminar zu besuchen.«

Kommt Ihnen das irgendwie bekannt vor? Unser Leben wird mit ungeheurem Tempo *beschleunigt*. Die technische Entwicklung schreitet immer schneller voran. Fax, E-Mail, Internet und Satelliten-Telefon sorgen dafür, dass man mit der ganzen Welt in Echtzeit kommunizieren kann. Kein Wunder, dass sich die *Informationsflut*, die täglich auf uns einstürzt, etwa alle zwanzig Monate verdoppelt. Für die meisten von uns bedeutet dies, dass

- wir Tag für Tag ungeheure Mengen an Post, Faxen und E-Mails erhalten,
- von uns in immer kürzerer Zeit immer mehr verlangt wird,
- wir oft nicht mehr wissen, was wir als Nächstes tun sollen.

Die Hetz-Krankheit: Eine Epidemie greift um sich

In den USA ist die schon erwähnte Krankheit namens *Hurry Sickness* (Hetz-Krankheit) bereits weit verbreitet; Larry Dossey hat sie erstmals in *Space, Time and Medicine* beschrieben.

Hurry Sickness wird durch den Irrglauben ausgelöst, dass wir, wenn wir nur alles *immer schneller* machen, auch *alles erreichen* können.

Längst grassiert Hurry Sickness auch bei uns – wir glauben, dass wir *immer schneller und perfekter* werden müssen. Ein Blick auf unsere Uhr oder in unseren *übervollen Terminkalender* genügt, um in Panik auszubrechen. *Stresserkrankungen* wie Herzbeschwerden, Magengeschwüre und nervöse Spannungen sind die Folge dieses Irrglaubens. Besonders tragisch ist, dass wir uns sogar in unserer *Freizeit stressen* lassen – nicht einmal nach Feierabend oder am Wochenende bleibt ausreichend Zeit für Entspannung, Spaß und Lebensqualität.

»Je mehr ich mich beeile, desto mehr gerate ich in Verzug!« Kennen auch Sie dieses höchst deprimierende Gefühl? Sie gehen früher zur Arbeit, weil Sie fest entschlossen sind, alles aufzuholen, nur um dann mit einer neuen Flut von Problemen, Krisen und Projekten überhäuft zu werden. Am Ende des Tages sind Sie total geschafft, konnten aber nichts von Ihrer To-do-Liste streichen – im Gegenteil, Ihre Liste ist nur noch länger geworden!

Mit dieser Erfahrung sind Sie nicht allein: Viele Menschen leiden unter dem *immer höheren Tempo,* das ihnen abverlangt wird. Der Druck, in kürzerer Zeit mit weniger Personal und geringerem Budget immer mehr zu leisten, wird höher und höher.

Doch die Hetz-Krankheit ist mehr als nur das Gefühl, sich ständig beeilen zu müssen und sich nicht aus dem Karussell der täglichen Verpflichtungen befreien zu können.

Was dabei zu kurz kommt, ist unser ganz persönlicher Rhythmus, der sich aus unserer körperlichen, mentalen und emotionalen Verfassung abgeleitet und für unser Wohlbefinden von unschätzbarem Wert ist. Wenn wir nicht auf unseren Körper hören und unseren persönlichen Rythmus ignorieren, können wir unsere Aufgaben auf lange Sicht nur unvollständig oder schlimmstenfalls gar nicht mehr bewältigen.

Test: Leiden Sie an der Hetz-Krankheit?

Der kleine Hetz-Test soll Ihnen helfen zu erkennen, ob auch Sie bereits infiziert sind.

Entscheiden Sie, inwieweit die folgenden Aussagen auf Sie zutreffen:

Grundsätzlich ja	2 Punkte
Manchmal	1 Punkt
Nein	0 Punkte

Ich stehe ständig unter Zeitdruck. ○
Ich treibe andere häufig zur Eile an. ○
Ich unterbreche andere und/oder beende ihre Sätze. ○
Ich schaffe es fast nie, mein Tagespensum tatsächlich zu bewältigen. ○
Ich kann wegen der vielen Arbeit häufig nicht einmal eine kurze Pause machen. ○
Ich habe immer noch zu tun, wenn andere bereits ihre Freizeit genießen. ○
Ich nehme nach Feierabend regelmäßig Arbeit mit nach Hause. ○
Ich muss in meiner Freizeit immer wieder an liegen gebliebene Dinge denken. ○
Wenn ich in einem Laden oder Restaurant länger warten muss, werde ich ungeduldig, gehe oder beschwere mich. ○
Ich habe Angst davor, nicht mehr alles bewältigen zu können. ○
Ich bin stets pünktlich und achte streng darauf, Dinge fristgerecht fertig zu haben. ○
Ich habe häufiger gesundheitliche Beschwerden. ○

Alle Fragen ehrlich beantwortet? Bitte addieren Sie nun Ihre Punktzahl: _____

- Sie haben *weniger als 10 Punkte*? Glückwunsch! Sie wissen: »In der Ruhe liegt die Kraft.«
- Sie haben *mehr als 10 Punkte*? Achtung! Sie sind stark gefährdet, von der Hurry Sickness erwischt zu werden. Ent-schleunigen Sie Ihr Leben, reduzieren Sie Stress und achten Sie darauf, genügend Raum für Erholung und Entspannung zu schaffen.

Was aber spricht gegen *High Speed* – beruflich wie privat? Ist es nicht erstrebenswert, ganz vorn dabei zu sein? Bei der Olympiade bekommen schließlich auch diejenigen die Medaillen, die als Erste durchs Ziel gehen!

Das Problem ist nicht das Tempo an sich. Das Problem beginnt erst, wenn *Tempo* zum alles entscheidenden Kriterium wird. Sind wir erst einmal von der Hetz-Krankheit befallen, beeilen wir uns ohne Sinn und Verstand: Wir hasten durch eine Sitzung, um auch ja pünktlich zum Ende zu kommen, stellen aber hinterher fest, dass wir das Wichtigste vergessen haben. Hätten wir uns doch nur Zeit genommen! Oder wir telefonieren mit unserem Partner, während wir noch drei weitere Dinge tun, überhören deshalb die Sorgen in der Stimme des anderen und verlieren so sein Vertrauen.

Manch einer oder eine *hetzt so durch sein oder ihr ganzes Leben* – als perfekte Gattin, Hausfrau und Mutter, als jüngster Generaldirektor aller Zeiten, als jemand, der in kürzester Zeit seine erste Million verdient hat – nur, um irgendwann festzustellen, dass er oder sie nie Zeit hatte, sich der Familie und den Freunden wirklich zu widmen oder all die schönen Augenblicke zu genießen, die das Leben erst lebenswert machen. *Oftmals kommt diese Einsicht leider zu spät ...*

Nutzen Sie die Chance, Ihr Leben zu ändern, solange es noch geht!

Aber wie um alles in der Welt soll man sich ändern, wenn man sein ganzes Leben dazu angehalten wurde, sich zu beeilen?

Haben Sie Mut und bekennen Sie sich zu Ihrer Hetz-Krankheit. Setzen Sie ihr eine ausgewogene Mischung aus verschiedenen Geschwindigkeiten entgegen. Achten Sie auf Ihre Gesundheit und nehmen Sie sich die Zeit, Ihre Leistungsstärke und Ihre Lebensqualität dauerhaft zu steigern. Versuchen Sie konsequent, Ihre Hetz-Krankheit zu kurieren:

Was tun gegen Hurry Sickness?

- Nehmen Sie in Ihrer Freizeit, ob abends oder am Wochenende, Ihre Uhr ab.
- Planen Sie ganz bewusst Muße-Zeiten ein.
- Belohnen Sie sich, wann immer Sie »Tun« und »Sein«, Effizienz und Lebensqualität, in Balance gebracht haben.
- Gönnen Sie sich Perioden der Ruhe und des Schweigens. Hören Sie auf Ihren Körper, Ihre Gefühle, Ihre Intuition. Denn: Inspiration entspringt dem Schweigen.
- Halten Sie sooft wie möglich inne, genießen Sie die kleinen Freuden des Alltags: Kaffeeduft, den Anblick einer blühenden Rose, das Lächeln eines freundlichen Menschen ...

Extrinsische versus intrinsische Motivation

Wenn Sie Ihre Hetz-Krankheit bekämpfen wollen, müssen Sie erst einmal Ihren Zielen, Wünschen und Träumen auf die Spur kommen. Nur so sind Sie in der Lage, sich auf das wirklich Wichtige zu konzentrieren und sich nicht in Nebensächlichkeiten zu verlieren. Dabei ist eine Frage von entscheidender Bedeutung: *Sind Sie extrinsisch oder intrinsisch motiviert?*

Extrinsische Motivation ist die »Mittel-zum-Zweck-Motivation«. Extrinsisch motivierte Menschen arbeiten, um Geld zu verdienen, Sicherheit zu haben und Anerkennung zu bekommen. Sie tun in der Regel das, was von außen an sie herangetragen wird. Ihre eigene innere Stimme stellen sie dabei zumeist hintenan.

Extrinsisch motivierte Menschen laufen Gefahr, von den Forderungen anderer regelrecht aufgefressen zu werden. Ihnen bleibt kaum mehr Zeit für sich selbst, für Spaß und Lebensfreude.

Intrinsische Motivation dagegen könnte man als »Wunsch-und-Bedürfnis-Motivation« bezeichnen. Intrinsisch motivierte Menschen arbeiten aus eigenem inneren Antrieb – dabei spielen Faktoren wie persönliches Interesse und Spaß eine wichtige Rolle. Sie wägen genau zwischen ihren eigenen Bedürfnissen und den Anforderungen Außenstehender ab. Im Zweifelsfall geben sie ihrer inneren Stimme den Vorzug, ziehen Grenzen und konzentrieren sich auf ihre eigenen Bedürfnisse.

Wenn Sie Ihre eigenen Bedürfnisse vernachlässigen und bis zum Umfallen arbeiten, Urlaub und Spaß zurückstellen und nicht auf Ihren Körper achten, dann sind Sie irgendwann völlig gestresst, überarbeitet, ausgebrannt und verbreiten nur noch schlechte Laune. Sie vergeuden Ihre Zeit mit den falschen Dingen, machen Flüchtigkeitsfehler, blockieren engstirnig Innovationen und schaffen ein Reizklima, das die Zusammenarbeit mit anderen nahezu unmöglich macht.

Kennen Sie das alles? Dann ist es höchste Zeit für eine *Auszeit*. Nehmen Sie sich die Zeit, und denken Sie in Ruhe nach, was Sie unbedingt ändern sollten und wie Ihr Leben künftig aussehen soll. Vielleicht sind Ihnen die neuesten Erkenntnisse der Hirnforschung im folgenden Abschnitt dabei eine Hilfe?

Linke und rechte Hirndominanzen

In den letzten 30 Jahren haben Forscher faszinierende Informationen darüber gewonnen, wie sich unser Gehirn entwickelt und wie wir produktiver und kreativer werden können. Ihr Hauptaugenmerk richteten sie dabei auf unser *Großhirn*, das – ähnlich wie das Innere einer Walnuss – in zwei Hälften geteilt ist. Die beiden Großhirnhälften, auch *Hemisphären* genannt, sind durch einen dicken Nervenstrang, den Corpus Callosum, verbunden. Da sich beide Hälften äußerlich sehr ähnlich sind, ging man lange davon aus, dass die rechte Hemisphäre lediglich eine Art Ersatzteillager für die linke Hirnhälfte sei.

Inzwischen weiß man jedoch, dass die beiden Hemisphären an sie gestellte Aufgaben *völlig unterschiedlich* bewältigen.

Die *linke Hirnhälfte* ist der Sitz unseres Sprachzentrums. Sie liebt es, systematisch an Aufgaben heranzugehen und diese bis ins kleinste Detail zu analysieren. Sie ist spezialisiert auf rationales Denken und Logik. Die linke Hirnhälfte ist geradezu prädestiniert, komplizierte mathematische Gleichungen zu lösen oder auch Schach zu spielen.

Ganz anders dahingegen die *rechte Hemisphäre:* Sie denkt vorwiegend in Bildern, Farben und Formen. Aufgaben werden spontan und intuitiv bewältigt, wobei Details nicht so wichtig sind. Die rechte Hemisphäre arbeitet nicht linear, sondern ganzheitlich.

In den ersten sechs Lebensjahren werden wir hauptsächlich von unserer *rechten Hemisphäre* gesteuert. Wir lassen unserem Spieltrieb und unserer Fantasie freien Lauf, sind in höchstem Maße neugierig und konzentrieren uns mal auf dies, mal auf das.

Mit Beginn der Schulzeit müssen wir gezwungenermaßen auf die *linke Hemisphäre* unseres Gehirns zurückgreifen. Eigenschaften wie Disziplin, Logik und konzentriertes Arbeiten rücken in

Die beiden Hemisphären des Gehirns

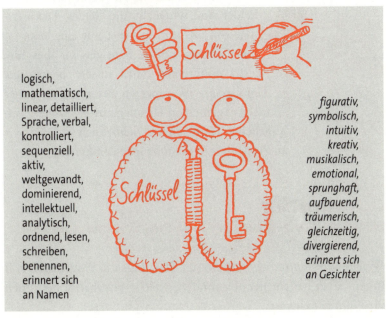

den Mittelpunkt, und wir werden hauptsächlich für Fähigkeiten belohnt, die auf die linke Hemisphäre zurückzuführen sind.

Im Erwachsenenalter bevorzugt etwa die Hälfte der Bevölkerung die linke Hemisphäre in ihrem Denk- und Verhaltensstil, während die andere Hälfte der rechten Hemisphäre den Vorzug einräumt – genauso, wie es eben Links- und Rechtshänder gibt. *Links- und rechtshirniger Ansatz* ergänzen sich gegenseitig und führen in der Regel auch beide zum Erfolg, eben nur mit anderen Mitteln.

Die Forschung ist noch immer geteilter Meinung darüber, ob *Hemisphären-Dominanzen* durch Umwelt oder Anlage bedingt sind. Die meisten Menschen scheinen ihre bevorzugte Hirndominanz allerdings bereits im Teenageralter entwickelt zu haben.

Interessant ist, dass Menschen, die gemeinhin als Genies gelten und Spitzenkönner auf vielen Gebieten sind, sich vom Rest der Bevölkerung dadurch unterscheiden, dass sie in hohem Maße *ganzhirnig* arbeiten: Sie sind in der Lage, nicht nur eine, sondern beide Hirnhälften gleichermaßen zu nutzen.

Leider sind wir nicht alle Genies. Die meisten von uns nutzen meist nur eine Seite ihres Gehirns, und je häufiger wir dies tun, desto dominanter wird unsere bevorzugte Hemisphäre. Wir sperren uns innerlich immer mehr gegen einen Umstieg auf die andere, ungeliebte Hemisphäre. Schließlich werden wir zu »*ein-*« oder »*halbhirnigen*« Individuen.

Links oder rechts?
Hirndominanzen und persönliches Zeitmanagement

Welche Hirnhälfte bevorzugen Sie? Der folgende Fragebogen soll Ihnen dabei helfen, herauszufinden, welche Hirnhälfte bei Ihnen die Nummer eins ist.

Bitte lesen Sie die folgenden Aussagen in Ruhe durch. Entscheiden Sie dann, was am ehesten auf Sie zutrifft, und kreisen Sie die entsprechende Zahl ein: L5 bedeutet extrem gut organisiert, planvoll und stets einer detaillierten Systematik folgend; R5 steht für extrem zufallsbedingt, flexibel, spontan, sich niemals wiederholend, unberechenbar.

Wenn Sie glauben, dass Sie manchmal methodisch sind, manchmal aber nicht, liegen Sie irgendwo zwischen L3 und R3. Sind Sie der Meinung, dass Sie bei der Arbeit extrem organisiert, planvoll und terminbewusst sind, zu Hause jedoch das genaue Gegenteil, dann können Sie auch zwei Zahlen auf derselben Linie einkreisen: Ein Zahl steht dann für Ihre Arbeit, die andere für Ihr Privatleben.

Lassen Sie sich bei Ihrer Selbsteinschätzung von Ihrer Intuition leiten. *Folgen Sie Ihrem ersten Impuls!*

Fragebogen: Ihr persönliches Hirndominanz-Profil

1. Wie beginnen Sie Ihren Tag? Erstellen Sie erst einmal eine Liste mit Prioritäten, an die Sie sich dann auch halten? Oder legen Sie einfach los und erledigen schon bald mehrere Dinge gleichzeitig?

L   5   4   3   2   1   0   1   2   3   4   5   R

2. Durchlaufen Sie jeden Morgen, wenn Sie sich fertig machen, ein ähnliches Ritual? Oder verändern Sie Ihre Routine je nachdem, wie Sie sich fühlen, und finden sich selbst ziemlich unberechenbar?

L   5   4   3   2   1   0   1   2   3   4   5   R

3. Glauben Sie, dass Sie am besten arbeiten, wenn Sie erst einmal eine Aufgabe beenden, bevor Sie eine weitere in Angriff nehmen? Oder glauben Sie, dass Sie am besten arbeiten, wenn Sie einen spontanen Arbeitsansatz verfolgen und mit mehreren Aufgaben gleichzeitig jonglieren?

L   5   4   3   2   1   0   1   2   3   4   5   R

4. Sie haben Ihr Wochenende sorgfältig geplant, doch Ihr/e Partner/in schlägt plötzlich einen Alternativplan vor – würde die unerwartete Veränderung Sie eher irritieren?

Oder könnten Sie sich für diesen neuen Plan begeistern – ganz einfach, weil Sie Überraschungen und Tempowechsel lieben?

L   5   4   3   2   1   0   1   2   3   4   5   R

5. Sind Sie am besten, wenn es darum geht, etwas bis zum Ende durchzuziehen und dafür zu sorgen, dass alle Einzelheiten bedacht und ausgeführt werden?

Oder würden Sie lieber neue Ideen und Pläne für Projekte entwickeln und die Weiterverfolgung und Einzelheiten eher jemand anderem überlassen?

L   5   4   3   2   1   0   1   2   3   4   5   R

6. Wenn man Sie um Hilfe bei Projekten bittet und Sie wissen, dass dies zeitaufwändig für Sie sein wird, fällt es Ihnen dann leicht, »Nein« zu sagen?

Oder sagen Sie erst einmal »Ja« und haben dann kaum Zeit für die versprochene Hilfeleistung?

L   5   4   3   2   1   0   1   2   3   4   5   R

7. Wie viele spontane Aktivitäten haben Sie in den letzten zwei Wochen initiiert? Nur wenige?

Oder mehrere?

L   5   4   3   2   1   0   1   2   3   4   5   R

8. Planen Sie Ihre Verabredungen lange im Voraus?

Oder lieben Sie spontane Pläne wie Gäste zum Essen einzuladen oder abends auszugehen?

L   5   4   3   2   1   0   1   2   3   4   5   R

9. Haben Sie bei Spontaneinkäufen im Kopf, ob Sie sich das überhaupt leisten können, oder haben Sie finanzielle Reserven für alle Fälle?

Oder tätigen Sie Impulskäufe und denken erst anschließend darüber nach, wie Sie das alles bezahlen können?

L   5   4   3   2   1   0   1   2   3   4   5   R

10. Wenn Sie eine unangenehme Aufgabe erledigen müssen, erledigen Sie diese gleich als Erstes, damit Sie es hinter sich haben? Oder versuchen Sie, die Erledigung einer unangenehmen Aufgabe möglichst abwechslungsreich zu gestalten, oder schieben Sie die Aufgabe sogar so lange vor sich her, bis es langsam brenzlig wird?

L   5   4   3   2   1   0   1   2   3   4   5   R

11. Wenn ich unangemeldet an Ihrem Arbeitsplatz vorbeikäme, würde ich feststellen, dass die meisten Dinge sich an ihrem Platz befinden und dass es einen festen Platz für die meisten Dinge gibt? Oder würde ich feststellen, dass sich die Arbeit stapelt und Dutzende von Telefonmitteilungen an allen möglichen Gegenständen kleben – das Chaos einer viel beschäftigten Person? Sagen Sie oft: »Eines Tages organisiere ich mich, sobald ich etwas mehr Zeit habe«?

L   5   4   3   2   1   0   1   2   3   4   5   R

12. Legen Sie die Unterlagen gewöhnlich bei Abschluss jedes Projektes routinemäßig ab und halten Ihren Schreibtisch für das Projekt frei, an dem Sie gerade arbeiten? Oder haben Sie meist viele Unterlagen und Akten auf dem Tisch herumliegen, damit Sie nichts vergessen? Finden Sie es einfacher, wenn Unterlagen und Akten sichtbar sind, anstatt »in der Kartei« abgelegt zu sein? (Wenn es Ihnen Probleme bereitet, mehr als eine Aktenüberschrift für dasselbe Projekt anzulegen oder Sie sich anschließend nicht erinnern, unter welcher Überschrift Sie ein Projekt oder Dokument abgelegt haben, so ist dies eine ausgeprägte R-Gehirnhälfte-Eigenschaft.)

L   5   4   3   2   1   0   1   2   3   4   5   R

13. Sind Sie stolz darauf, Fristen einzuhalten, und erscheinen normalerweise pünktlich zu Verabredungen und Sitzungen? Oder hetzen Sie normalerweise von einem Termin zum anderen und kommen dabei häufig zu spät?

L   5   4   3   2   1   0   1   2   3   4   5   R

14. Wenn Sie Ihren Terminkalender planen, bauen Sie normalerweise Zeit für Planung und für Arbeit »hinter den Kulissen« ein?

    Oder tragen Sie nur die Sitzungen, Stichtage und Termine ein und versuchen dann verzweifelt, die Zeit zu finden, um die ganzen Vorbereitungsarbeiten zu erledigen?

    L 5 4 3 2 1 0 1 2 3 4 5 R

15. Halten Sie Termine problemlos ein und haben Ihren Teil häufig schon früher fertig?

    Oder haben Sie häufig das Gefühl, dass Sie »sich umbringen«, um den nächsten Termin einzuhalten ... aber das macht Ihnen nicht allzu viel aus, weil Sie wissen, dass Sie unter Druck am besten arbeiten?

    L 5 4 3 2 1 0 1 2 3 4 5 R

16. Sammeln Sie hauptsächlich alle Fakten, analysieren die Daten und treffen dann eine geradlinige Entscheidung, bei der Sie gewöhnlich bleiben?

    Oder spielen Ihre Ahnungen und intuitiven Gefühle eine große Rolle bei Ihren Entscheidungen? Finden Sie, dass Ihr Gefühl, das »aus dem Bauch« kommt, sich oft als richtig bestätigt und dass Sie ihm vertrauen können?

    L 5 4 3 2 1 0 1 2 3 4 5 R

17. Arbeiten Sie besser allein und bringen Ihre Gedanken gern zu Papier? Ist es Ihnen lieber, dass andere ihre Ideen erst aufschreiben und Ihnen dann zur Ansicht vorlegen?

    Oder denken Sie am liebsten laut, im Stehen oder zusammen mit anderen stimulierenden Denkern und finden es schwierig, Dinge präzise niederzulegen?

    L 5 4 3 2 1 0 1 2 3 4 5 R

18. Sind Sie ein entscheidungskräftiger Mensch, der selbstsichere Entscheidungen trifft und anschließend selten seinen Standpunkt ändert?

    Oder ändern Sie dann häufig wieder Ihre Meinung, entscheiden Sie sich zum selben Thema einen Tag mit »Ja«, am nächsten Tag mit »Nein« und anschließend mit »Vielleicht«?

    L 5 4 3 2 1 0 1 2 3 4 5 R

19. Bleiben Sie lieber in derselben Stellung, um dort Ihre Arbeit mit immer größerer Kompetenz zu verrichten? | Oder ziehen Sie es vor, Ihre Posten, Verantwortungsbereiche und Schwerpunkte mindestens alle drei bis fünf Jahre (oder sogar noch häufiger) zu wechseln, um frisch zu bleiben und sich weiterzuentwickeln?

L 5 4 3 2 1   0 1 2 3 4 5 R

20. Wenn Sie ein Geschäftsessen geben, gehen Sie dann lieber irgendwohin, wo Sie schon einmal gewesen sind und wo Sie Ihr bewährtes Lieblingsgericht bekommen? | Oder probieren Sie gerne ein neues Restaurant aus – weil es Spaß macht und aufregend ist, etwas Neues zu probieren?

L 5 4 3 2 1   0 1 2 3 4 5 R

21. Trennen Sie Arbeit und Freizeit und reservieren Privates für Kaffeepausen und Mittagszeit? Schätzen Sie Mitarbeiter, die die Arbeitszeit nicht mit privatem Geplapper stören? | Oder würzen Sie Ihren ganzen Tagesablauf großzügig mit Spaß und Humor – hier ein Wortspiel, dort ein Witz am Telefon? Sind Humor und Verspieltheit Ihre zweite Natur?

L 5 4 3 2 1   0 1 2 3 4 5 R

22. Denken Sie an die Zeitschriften, die Sie gerne lesen. Bevorzugen Sie eher wortorientierte Druckwerke wie die *FAZ* oder das *Handelsblatt*? | Oder lieben Sie gute Fotos, viel Farbe und Aktion (z. B. *Stern*, *Focus* oder *Fit for Fun*)?

L 5 4 3 2 1   0 1 2 3 4 5 R

23. Wie lesen Sie Ihre Lieblingszeitschrift? Lesen Sie einen Artikel nach dem anderen ganz zu Ende, bevor Sie mit dem nächsten beginnen? | Oder lesen Sie oft Teile mehrerer Artikel und gehen dann zurück, um nur diejenigen zu Ende zu lesen, die Sie wirklich interessieren?

L 5 4 3 2 1   0 1 2 3 4 5 R

24. Wenn Sie ein neues Buch aussuchen, prüfen Sie den Rückseitentext und das Inhaltsverzeichnis, um zu sehen, worum es geht? Fangen Sie generell am Anfang eines Buches an und lesen kontinuierlich bis zum Ende weiter?

Oder bevorzugen Sie Bücher mit Bildern, gutem optischen Design und einer Vielzahl von Schriftbildern und -größen? Blättern Sie häufig von hinten nach vorne und lesen dabei stellenweise Auszüge, um zu sehen, ob Sie weiterlesen möchten?

L   5   4   3   2   1   0   1   2   3   4   5   R

25. Wenn Sie in die Stadt fahren, versuchen Sie im Allgemeinen die schnellste Route zu finden, bei der Sie dann auch bleiben?

Oder entdecken Sie häufig neue Wege, um gewohnte Zielorte in der Stadt anzufahren – möglicherweise, indem Sie die Seitenstraßen auskundschaften?

L   5   4   3   2   1   0   1   2   3   4   5   R

26. Wenn Sie ein Problem mit Ihrem Wagen haben, versuchen Sie die Ursache systematisch einzukreisen, vielleicht unter Heranziehung eines Fachmannes oder eines Autoreparaturbuches?

Oder diagnostizieren Sie das Problem gewöhnlich, indem Sie auf die Wagengeräusche oder das Fahrverhalten achten?

L   5   4   3   2   1   0   1   2   3   4   5   R

27. Trennen Sie sich leicht von Dingen, die Sie nicht brauchen, und sind stolz darauf, keinen unnützen Kram zu horten?

Oder fällt es Ihnen schwer, einen Dachboden, eine Gartenlaube oder eine Abstellkammer auszuräumen, weil Sie glauben, dass Sie das, was Sie heute wegwerfen, nächste Woche brauchen werden?

L   5   4   3   2   1   0   1   2   3   4   5   R

Copyright © 1998, 2005 Ann McGee-Cooper and Associates, Inc. Dallas, Texas, USA. Tel. 214 357–8550. All rights reserved. Used with permission.

Auswertung Ihres persönlichen Hirndominanz-Profils

Haben Sie alle Fragen beantwortet? Liegen Sie im äußersten linken oder äußersten rechten Bereich? Oder bevorzugen Sie die goldene

Mitte? Fangen Sie mit Frage 1 an und addieren Sie zunächst alle Zahlen, die Sie rechts von der »0« auf der Punktezeile eingekreist haben. Die so errechnete Summe ist Ihr R-Ergebnis. Nun addieren Sie alle Zahlen, die Sie links von der »0« auf der Punktezeile eingekreist haben – diese Summe ist Ihr L-Ergebnis.

Nun können Sie Ihr *Links/Rechts-Dominanz-Profil* auf der folgenden zusammenfassenden Datenzeile eintragen:

135	118	101	84	67,5	51	34	17	0	17	34	51	67,5	84	101	118	135
L – Linke Präferenz														**Rechte Präferenz – R**		

Bitte bedenken Sie: *Es gibt keine »bessere« Hirnhälfte.* Beide Hemisphären sind auf ihre Weise wertvoll und wichtig. Aber: Wir können unsere Produktivität erheblich steigern, wenn wir konsequent versuchen, beide Bereiche unseres Gehirns zu nutzen.

Bevorzugen Sie ganz eindeutig die linke oder die rechte Hemisphäre? Dann sollten Sie die Zusammenarbeit mit Menschen suchen, die mit genau der entgegengesetzten Hirnhälfte arbeiten. Zudem sollten Sie Ihre »benachteiligte« Hirnhälfte ganz bewusst trainieren.

Liegen Ihre Antworten im Mittelbereich, sollten Sie versuchen, intensiv an beiden Enden der Skala zu arbeiten.

Das Geheimnis von Genies besteht nicht darin, was sie an geistigem Potenzial zur Verfügung haben, sondern wie sie ihr Gehirn einsetzen. So können geniale Menschen sowohl extrem komplexe wie auch hoch kreative Aufgaben scheinbar mühelos bewältigen. Genies wie Leonardo da Vinci, Thomas Jefferson oder Colette hatten eben viele Talente.

Copyright © 1998, 2005 Ann McGee-Cooper and Associates, Inc. Dallas, Texas, USA.
Tel. 214 357–8550. All rights reserved. Used with permission.

Rechtshirnige Menschen

Werden Sie von Ihrer *rechten Hirnhälfte dominiert*, wirken Sie auf Außenstehende höchst unorganisiert. Doch im Grunde genommen beherrschen Sie das Chaos: Obwohl sich auf Ihrem Schreibtisch stapelweise Unterlagen türmen, finden Sie meist alles, was Sie brauchen.

Sie halten nichts von To-do-Listen, und wenn Sie doch einmal einen Aktionsplan erstellen, dann ignorieren Sie ihn. Das ist auch kein Wunder, denn Sie arbeiten immer an mehreren Dingen gleichzeitig.

Sie bringen viele Projekte in Gang und haben Spaß daran, neue Ideen zu entwickeln – allerdings hapert es häufig bei der konkreten Umsetzung.

Unter Zeitdruck arbeiten Sie am besten, denn Sie genießen es, auf den letzten Drücker fertig zu werden. Eigentlich sind Sie immer zu spät dran: bei Besprechungen, bei der Abgabe von Berichten, aber auch bei Dienstschluss. Natürlich wollen Sie mit Ihren Verspätungen niemanden kränken, aber irgendwie kommt Ihnen immer völlig unerwartet etwas dazwischen.

Bei Meetings kommen Sie leicht vom Thema ab. Sie lieben es, Ihre Ideen mit anderen zu erörtern, anstatt alleine zu arbeiten und

Ihre Gedanken schriftlich festzuhalten. Wenn Sie dennoch Memos oder Briefe schreiben, brauchen Sie oft viele Worte, um auszudrücken, was Sie mitteilen möchten.

Sie sind einfach unberechenbar! Wenn Sie Regeln aufstellen, schaffen Sie es nicht, sich auch daran zu halten.

Sie lieben es, spontan zu arbeiten und zu leben. Gebrauchsanleitungen lesen Sie nur, wenn Sie absolut nicht weiterkommen.

Erinnerungsstücke, Kleidung, Zeitschriften und Papierkram: Sie können sich nur schwer von Dingen trennen. Wenn Sie den ganzen Samstag damit verbracht haben, Ihren Hobbyraum aufzuräumen, fällt Ihnen spätestens am Montag ein, dass Sie eigentlich doch lieber nichts wegwerfen sollten.

Falls Sie einen Terminkalender haben, bleibt er meist unbenutzt. Wahrscheinlich haben Sie auch schon Bücher über Zeitmanagement gelesen oder entsprechende Seminare besucht, nur geholfen hat das leider alles nicht.

Sie haben Schuldgefühle, weil Sie weder im Voraus planen noch Prioritäten setzen oder sich an Termine und Pläne halten. Doch das liegt nicht daran, dass Sie schlampig, faul oder gar dumm sind:

Sie sind ganz einfach ein *visueller, divergenter, polychronischer* Mensch, und Ihr Gehirn verlangt nach einem völlig anderen Ansatz für Ihr ganz persönliches Zeitmanagement!

Linkshirnige Menschen

Werden Sie von Ihrer *linken Hirnhälfte dominiert,* dann sind Sie von einer gewissen Korrektheit und ziehen es vor, in aufgeräumter Umgebung zu leben und zu arbeiten.

Sie führen erst eine Sache zu Ende, bevor Sie mit der nächsten beginnen. Vorgänge, die Sie erledigt haben, legen Sie gleich ab, weil Sie nicht lange suchen wollen, wenn diese noch einmal gebraucht werden. Sie lieben es, Listen zu erstellen, klare Prioritäten zu setzen und Details Schritt für Schritt abzuarbeiten.

Sie sind pünktlich und erwarten das auch von anderen. Wenn Sie ein Meeting ansetzen, verschicken Sie vorab eine Agenda, damit sich alle Teilnehmer entsprechend vorbereiten können. Ihre Meetings beginnen und enden pünktlich.

Sie schätzen vertraute Abläufe, leben nach Regeln und sind leicht zu berechnen. So beginnen Sie jeden Tag nach dem gleichen Muster: Sie stehen immer zur gleichen Zeit auf, haben wenig Abwechslung auf Ihrem Frühstückstisch und erscheinen immer zur gleichen Zeit im Büro.

Kommt Ihnen das alles vertraut vor? Dann sind Sie der Prototyp eines *linkshirnigen Menschen,* und das *klassische Zeitmanagement* ist geradezu für Sie gemacht.

Rechtshirnige Menschen hingegen können mit dem klassischen, linkshirnig orientierten Zeitmanagement nichts anfangen, sondern empfinden es etwa so, als würden sie durch Brillengläser schauen, die einem anderen verordnet wurden.

Teenager leben hauptsächlich in einer rechtshirnigen Zeitwelt, während ihre Eltern versuchen, sie mit linkshirnigen Zeitabläufen zu kontrollieren. Wir alle wissen aus eigener Erfahrung, dass dies eine Menge Ärger verursachen und viel Zeit kosten kann.

In Partnerschaften zeigt sich, dass wir meist von Menschen mit gegensätzlicher Hirndominanz angezogen werden.

In Arbeitsgruppen und Projektteams finden sich normalerweise Menschen mit ähnlicher Hirndominanz zusammen. Um im Team erfolgreich zu sein, sollten jedoch entgegengesetzte Denk- und Arbeitsstile zusammenwirken.

Was ist Zeit?

Das Phänomen Zeit existiert eigentlich nur in unseren Köpfen. Mit Beginn der industriellen Revolution setzte sich das Motto »Zeit ist Geld« durch. Seitdem glauben wir, dass jeder Tag nur 24 Stunden hat, dass Zeit linear verläuft und wir alle die gleiche begrenzte Menge an Zeit zur Verfügung haben.

Einstein zeigte uns, dass dies ein Trugschluss ist. Er lieferte den Beweis, dass Zeit *relativ* ist:

Erinnern Sie sich noch an Ihre letzte Behandlung beim Zahnarzt? Zwei äußerst schmerzhafte Minuten, die Ihnen wie Stunden vorkamen. Dagegen erschien Ihnen vermutlich der schöne Abend trauter Zweisamkeit mit Ihrer neuen Liebe wie ein kurzer Augenblick ...

Indem Sie Ihr Zeitbewusstsein ändern, können Sie Ihren Umgang mit Zeit verbessern.

Macht Ihnen Ihre Arbeit Spaß, so vergeht die Zeit wie im Flug, und Ihr Gehirn produziert Neurochemikalien wie Endorphine, die sich äußerst positiv auf Ihre geistigen Fähigkeiten auswirken. Dadurch werden Sie unglaublich kreativ und haben das Gefühl, unendlich belastbar zu sein.

Das Erfolgsgeheimnis hoch produktiver Menschen besteht darin, dass sie nicht in *linearer,* sondern in *gemischter Zeit* denken. Sie verstehen es meisterhaft, mehrere Dinge parallel zu erledigen und erreichen so auch mehrere Ziele gleichzeitig.

Monochronisch oder polychronisch – welcher Zeit-Typ sind Sie?

Individuelles Zeitmanagement manifestiert sich vor allem darin, wie wir mit unserer Zeit umgehen:

- Wenn Sie exakt nach der Uhr leben, im Voraus planen und sich an diese Pläne auch halten, sind Sie ein *monochronischer Zeitmanager.* Das ist typisch für *linkshirnige Menschen.* Die Uhr ist Ihr einziger Maßstab, und ein guter Zeitmanager erledigt alles schnell und termingerecht.

- *Rechtshirnige Menschen* sind eher *polychronische Zeitmanager.* Ihr Tagesablauf wird im Wesentlichen von Faktoren wie Intuition und Emotionen bestimmt, die nicht planbar sind.

TimeShift – Veränderungen im Zeitmanagement

Monochronische Menschen	Polychronische Menschen
• befassen sich nur mit einer Sache,	• machen viele Dinge gleichzeitig,
• konzentrieren sich auf ihre Arbeit,	• sind schnell abzulenken und lassen sich leicht unterbrechen,
• nehmen Zeitvorgaben ernst (Stichdaten, Termine),	• betrachten Zeitvorgaben als Ziel, das es anzustreben und – wenn möglich – zu erfüllen gilt,
• sind wenig kontext-orientiert und brauchen Informationen,	• sind stark kontext-orientiert und haben bereits Informationen,
• engagieren sich in erster Linie für ihre Arbeit,	• engagieren sich für Menschen und zwischenmenschliche Beziehungen,
• halten sich gewissenhaft an Pläne,	• ändern Pläne häufig und problemlos,
• möchten andere nicht stören; respektieren die Privatsphäre und sind rücksichtsvoll,	• Menschen, zu denen sie eine enge Beziehung haben, sind ihnen wichtiger als die eigene Privatsphäre,
• haben großen Respekt vor Privatbesitz; borgen oder verleihen selten etwas,	• borgen und verleihen oft und gern,
• sind an kurzfristige Beziehungen gewöhnt.	• neigen stark dazu, lebenslange Beziehungen aufzubauen.

Beispiele für polychronische Verantwortlichkeiten

Eine engagierte Mutter kümmert sich gleichzeitig um Haushalt, Mann und Kinder. Hausaufgaben müssen kontrolliert, die Kinder ins Ballett oder zum Tennis gebracht und wieder abgeholt werden, zwischendurch sind noch Besorgungen in der Stadt zu erledigen, und dass das Abendessen pünktlich auf dem Tisch steht, ist ganz selbstverständlich.

Auch ein Manager, der versucht, einen Konflikt mit einem Mitarbeiter zu lösen, muss polychronisch vorgehen: Er kann nicht genau vorhersagen, wie lange es dauern wird, den Konflikt so beizulegen, dass beide Seiten sich verstanden fühlen und eine gemeinsame Lösung unterstützen.

Wenn Sie ein *polychronischer Zeitmanager* sind, werden Sie oftmals auch für Verzögerungen verantwortlich gemacht, die sich nicht allein mit der Uhr regeln lassen und die auch einen monochronischen Zeitmanager aus dem Zeit-Gleichgewicht gebracht hätten.

Es ist also für Ihr persönliches Zeitmanagement enorm wichtig, dass Sie sich klarmachen, ob Sie zum *monochronischen oder polychronischen Ansatz* tendieren. Zudem ist es hilfreich, wenn Sie Ihre Aufgaben und Verantwortlichkeiten diesen beiden Kategorien zuordnen. Problematisch wird es, wenn polychronische und monochronische Charaktere aufeinander treffen:

Eine typische Situation: Geplant ist ein Besuch bei den Großeltern. Der Mann will frühzeitig los, also vor dem nervenaufreibenden Berufsverkehr. Das versteht er unter »pünktlich«. Seine Frau denkt darüber nach, was sie anziehen soll, gießt nebenbei Blumen, packt Windeln, Fläschchen und Kleidung für das Baby ein – und ist eben nicht frühzeitig, sondern nur »rechtzeitig« startklar, was für sie aber völlig in Ordnung ist.

Dieses Paar hat zwei Möglichkeiten: sich zu streiten oder sich partnerschaftlich zu verbünden. Wenn jeder die Stärken des anderen nutzt, kann sich daraus eine echte *Synergie* ergeben. Dann werden die beiden nicht nur pünktlich auf dem Weg zu den Großeltern sein, sondern ohne großen Aufwand auch alles Wichtige erledigt haben.

> *Praxis-Tipp*
> Suchen Sie sich jemanden mit einem völlig *konträren Zeitverständnis*. Tauschen Sie sich darüber aus, wie jeder von Ihnen Zeit wahrnimmt und mit seiner Zeit umgeht. Urteilen Sie nicht über den anderen – seien Sie einfach neugierig auf die Unterschiede! Suchen Sie nach Wegen, als Team zusammenzuarbeiten und voneinander zu profitieren.
>
> Und: Versuchen Sie, Ihr *Zeitmanagement mit beiden Hirnhälften* zu betreiben, auch wenn das zunächst schwer fällt.

Aktiva und Passiva des monochronischen und polychronischen Zeitansatzes

Monochronische Aktiva	Monochronische Passiva
• gilt als guter Zeitmanager • effizient und zielorientiert • setzt Prioritäten • berechenbar und verlässlich • hält Termine und Verabredungen ein • besonders geeignet für Aufgaben mit strengen zeitlichen Abläufen	• wird von seiner Uhr dirigiert und konzentriert sich so sehr auf die Zeit, dass er darüber andere Dinge vernachlässigt • hat wenig Sinn für Dinge und Situationen, die nicht konkret messbar sind, wie Motivation oder Zwischenmenschliches
Polychronische Aktiva	**Polychronische Passiva**
• menschenorientiert und hilfsbereit • gilt als sensibel und intuitiv • gut im Teamaufbau • einfühlsamer Vorgesetzter • besonders geeignet für Aufgaben im kreativen Bereich	• kann Zeit nicht realistisch einschätzen • hat Probleme, sich an Termine und Verabredungen zu halten • erscheint wenig effizient und zielorientiert

Ann McGee-Cooper: »Als ich meine Zusammenarbeit mit einem linkshirnigen Geschäftspartner intensivierte, habe ich Erstaunliches entdeckt: Dinge, für die ich typischerweise ›nie Zeit‹ habe (Ablage, Papierkram und gründliche Nacharbeit), bereiteten meinem Geschäftspartner keinerlei Schwierigkeiten. Er hingegen kämpft damit, Zeit zu finden, um Anrufe zu beantworten, Produkt- oder Seminarideen zu entwickeln und neue Geschäftsverbindungen anzubahnen.

Schnell wurde uns klar, dass wir Dinge vernachlässigten, die nicht zu unserem jeweiligen Denk- und Arbeitsstil passten. Seitdem achten wir darauf, eine gewisse Zeit bewusst mit Aktivitäten zu füllen, die uns eigentlich nicht liegen. Dadurch konnten wir unsere Produktivität und Arbeitsfreude mehr als verdoppeln.«

Tipps für monochronische Zeitmanager
- Planen Sie Ihr Leben nicht nur nach der Uhr. Verplanen Sie nicht Ihren ganzen Tag, reservieren Sie auch Termine für Spontaneität und Lebensfreude. Machen Sie es wie ich: Tragen Sie in Ihren offiziellen Terminkalender Verabredungen mit fiktiven Personen ein, um sich so die nötigen Freiräume zu verschaffen.
- Nichts ist für Sie wichtiger, als Termine einzuhalten. Doch manchmal braucht man einfach mehr Zeit. Nehmen Sie sich diese Zeit, mischen Sie die Karten neu. Entscheiden Sie, welche Aufgaben abgegeben, terminiert oder gestrichen werden können. Denken Sie dabei immer daran: Gut ist besser als perfekt!
- Achten Sie darauf, dass Sie nicht so sehr auf die Zeit fixiert sind, dass Sie unhöflich auf andere wirken. Zieht sich eine Besprechung in die Länge, dann starren Sie bitte nicht dauernd auf die Uhr. Unterbrechen Sie freundlich, aber bestimmt. Sa-

gen Sie, dass Sie einen anderen Termin wahrnehmen müssen und das Gespräch gerne zu einem späteren Zeitpunkt fortsetzen möchten.
- Denken Sie nicht nur in Zeitplänen und Projekten, achten Sie auch auf die Menschen, die hinter diesen Dingen stehen. Reservieren Sie auch Zeit für Zwischenmenschliches.

Tipps für polychronische Zeitmanager
- Auch wenn es Ihnen schwer fällt, versuchen Sie Ordnung zu halten. Sicher haben Sie Ihr Chaos im Griff. Aber haben Sie schon einmal überlegt, wie viel Zeit und Stress ein Leben im Durcheinander mit sich bringt?
- Zwingen Sie sich dazu, realistisch einzuschätzen, wie lange etwas dauern wird. Halten Sie in den nächsten vier Wochen fest, wie lange Sie für gewisse Routinearbeiten brauchen. Nehmen Sie die so ermittelten Zeiten als Maßstab für Ihre zukünftige Terminplanung.
- Betrachten Sie Termine nicht als Ziel, das es nur ungefähr anzustreben gilt. Verwerfen Sie Ihre Terminplanung nicht ständig aufs Neue. Erstellen Sie eine Liste mit den Terminen, die Sie in den nächsten 14 Tagen auf keinen Fall versäumen dürfen. Sorgen Sie dafür, dass Sie diese Liste immer griffbereit haben und machen Sie es sich zur festen Gewohnheit, jeden Abend einen Blick darauf zu werfen und Ihre Liste gegebenenfalls zu ergänzen.
- Versuchen Sie nicht, zu viele Dinge auf einmal zu machen. Setzen Sie sich zum Ziel, niemals mehr als drei Dinge parallel zu erledigen.

Sind Sie ein divergenter oder konvergenter Typ?

Rechtshirnig dominierte Menschen gehen Dinge eher *divergent* an: Ihre Energie beziehen sie daraus, dass sie in alle Richtungen denken und an verschiedenen Projekten gleichzeitig arbeiten. Sie produzieren und sammeln Unmengen von Material und entwickeln viele neue Ideen.

Linkshirnig dominierte Menschen gehen Dinge *konvergent* an: Ihre Energie gewinnen sie, indem sie sich auf die wichtigsten Dinge beschränken, konzentriert sind und alles genau auf den Punkt bringen. Sie arbeiten lieber in einer aufgeräumten Umgebung, erledigen gerne alles bis ins kleinste Detail, verzichten auf Überflüssiges und halten sich an ihre Tagesplanung.

Es ist wichtig zu wissen, was eine divergente Person motiviert oder eine konvergente Person frustriert und langweilt – und umgekehrt. *Beiden fehlt, was der jeweils andere am besten kann.* Daher sollten wir uns nicht nur auf unsere Stärken und Dominanzen konzentrieren, sondern auch versuchen, von denjenigen, die anders denken oder arbeiten als wir, zu lernen und zu profitieren.

Vergleich von konvergenten und divergenten Typen

Der konvergente Typ	Der divergente Typ
• macht eins aus vielem	• macht viel aus einem
• beschränkt sich	• sucht die Vielfalt
• konzentriert sich auf Details	• sieht das große Ganze
• arbeitet schrittweise	• arbeitet parallel
• plant, bevor er mit etwas beginnt	• legt sofort los
• ist logisch	• ist intuitiv

• braucht Sicherheit	• liebt Freiräume
• sucht die optimale Lösung	• schätzt vielfältige Lösungsmöglichkeiten
• gilt als engstirnig und stur	• gilt als chaotisch und unzuverlässig

Ann McGee-Cooper: »Ich bin als divergenter Mensch sehr kreativ. Es macht mir Spaß, nach neuen Möglichkeiten zu suchen, wie Dinge erledigt werden können. Ich stehe mit beiden Beinen fest auf dem Boden, liebe aber auch die Herausforderung des Unmöglichen. Wenn ich meinen Stärken freien Lauf lasse, bin ich so beschäftigt, neue Projekte anzuleiern, dass ich nicht mehr auf Details achte, den Überblick verliere und dann auf die Nase falle.

Doch ich habe aus meinen Fehlern gelernt und versuche nun, mir ganz bewusst einige konvergente Fertigkeiten anzueignen, um nicht im Chaos meiner unzähligen divergenten Ideen unterzugehen.«

Wege zum flexiblen Zeitmanagement

Wenn Sie ein *typischer rechtshirniger, divergenter Mensch* sind, können Sie noch so oft versuchen, die Regeln des klassischen Zeitmanagements zu befolgen – Sie werden keinen Erfolg haben. Nicht, weil Sie die Regeln nicht verstanden haben, sondern weil es Ihnen einfach nicht gelingen kann, diese konsequent anzuwenden. Und genau das ist der Knackpunkt!

Das *klassische Zeitmanagement* beruht auf *konvergenten* Abläufen – gemacht von konvergenten Menschen für konvergente Menschen. Bei ihnen funktioniert das alles auch großartig. Für den typisch divergenten Menschen klingen diese Regeln zwar viel versprechend, passen jedoch nicht zu seinen Denk- und Verhaltensmustern. Er ist daher zwangsläufig zum Scheitern verurteilt.

Oder umgekehrt: Ließe sich das Zeitmanagement an divergenten Kriterien festmachen, wäre es für linkshirnige, konvergente Menschen völlig unbrauchbar.

Es ist nun einmal so, dass die klassischen Zeitmanagement-Regeln auf einige passen und auf andere eben nicht. Das heißt nicht, dass die Regeln richtig oder falsch sind. Es bedeutet nur, dass wir *flexible Regeln* brauchen, die für alle ein Gewinn sind. Doch wie könnten solche Regeln aussehen?

Regel 1: Brainstorming statt »To-do-Listen«

Eine *To-do-Liste* erstellen – für *konvergente Personen* ist nichts leichter als das. Sie strukturieren und reduzieren ihre Liste bereits, bevor sie diese zu Papier bringen. Es fällt ihnen leicht, sich auf die wirklich wichtigen Dinge zu konzentrieren. So entsteht in kürzester Zeit eine wohl durchdachte Aktivitätenliste, die dann Punkt für Punkt abgearbeitet wird.

Wenn *divergente Personen* überhaupt einmal eine To-do-Liste erstellen, tun sie das ganz spontan, während sie sich gleichzeitig mit unzähligen anderen Dingen beschäftigen. Noch bevor sie überhaupt zum Stift greifen, schweifen sie in alle möglichen Richtungen ab: denken mal an diese, mal an jene Aufgabe, an ihren nächsten Urlaub oder ihr ehrenamtliches Engagement. Sie notie-

ren sich mal hier und dann wieder dort ein paar Stichpunkte. Sie erstellen keine To-do-Liste, sondern geben sich einem *Brainstorming-Prozess* hin. Obwohl sie am Ende alles andere als eine brauchbare Aktivitätenliste in den Händen halten, sind sie zufrieden, denn sie haben jede Menge neue Ideen entwickelt, und das ist, was wirklich für sie zählt.

Regel 2: Prioritäten setzen – aber anders

Prioritäten setzen – auch das ist leicht für *konvergente Menschen*. In ihrem Kopf ist ohnehin alles in ein »Schwarz/weiß«-Raster eingeteilt. Eine Aufgabe hat entweder die Priorität »A« (wichtig und dringlich), »B« (wichtig, aber nicht dringlich) oder »C« (dringlich, aber nicht wichtig). Alles andere erhält Priorität »D« und wandert in den Papierkorb.

Für *divergente Denker* hingegen ist das Setzen von Prioritäten die reinste Qual. Ihre Prioritätenliste ist mindestens dreimal so lang wie die eines konvergenten Menschen. Hier stehen keine »Muss«-Aufgaben, sondern »Kann«-Optionen im Mittelpunkt. Für divergente Menschen ist es nahezu unmöglich, alle Prioritäten zu Papier zu bringen: Wie um alles in der Welt sollen sie das alles dann auch noch in »A«, »B«, »C« oder »D aufteilen?

Spätestens hier geben divergente Denker auf – Zeitmanagement ist eben doch nicht ihre Sache – oder?

Ann McGee-Cooper: »Niemand kann die Probleme divergenter Menschen besser nachvollziehen als ich. Zwölf Jahre lang habe ich klassisches Zeitmanagement gelehrt, immer in der Hoffnung, dass auch ich endlich lerne, es erfolgreich anzuwenden. Ich habe unzählige Zeitmanagement-Bücher gelesen, mir immer wieder Lehrfilme angesehen und Planungssysteme eingerichtet. Doch es hat nicht geholfen: Ich konnte meine eigenen Ratschläge nicht in die Praxis umsetzen. Das Ergebnis: nichts als Schuldgefühle und immer mehr Frust. Irgendwann fiel mir auf, dass es einigen meiner Klienten auch nicht besser erging, allerdings mit dem Unterschied, dass sie beruflich höchst erfolgreich waren. Muss man gar nicht alle Regeln befolgen, um erfolgreich, angesehen und glücklich zu werden?!«

Ann McGee-Cooper begann, *andere Wege der Zeitplanung* und des kreativen Umgangs mit Zeit zu beschreiben: Ihr war klar, dass es ihr als divergentem Menschen nicht gelingen konnte, eine lange Prioritätenliste zu erstellen, steckten doch unzählige verschiedene Schattierungen in jeder Aufgabe. Je nach Betrachtungsweise konnte ein Punkt von einer A- zu einer B- oder sogar zu einer C-Aufgabe werden – und umgekehrt. Ein einziger Anruf genügte, um die Prioritäten gänzlich zu verschieben.

Natürlich konnte auch die Faustregel »Fang nicht mit C-Aufgaben an, fang mit A-Aufgaben an« so auf gar keinen Fall funktionieren. Ann McGee-Cooper war natürlich bewusst, dass sie ihre Zeit und Energie zunächst auf die wichtigsten Aufgaben konzentrieren sollte. Doch manchmal konnte sie nur an C-Aufgaben arbeiten, um den Kopf frei zu bekommen und wieder neue Energie zu tanken. Oftmals entwickelte sie bei der Beschäftigung mit relativ unwichtigen C-Aufgaben jedoch bahnbrechende Ideen für brandneue A-Aufgaben von höchster Priorität.

Konvergente Denker können all das wahrscheinlich gar nicht so leicht nachvollziehen. Dennoch sollten sie nicht stur auf ihren konvergenten Strukturen beharren. Es kann durchaus von Vorteil sein, zu wissen, wie *divergentes Zeitmanagement* funktioniert, denn nur so können sie die besonderen Talente divergenter Menschen für sich und ihre Projekte nutzen. Erst das Zusammenspiel von konvergenten und divergenten Stärken ergibt ein schlagkräftiges Team.

> **Praxis-Tipp für divergente Zeitmanager**
> Schreiben Sie Ihre wichtigsten Aufgaben auf farbige Post-it-Notes und kleben Sie diese auf eine Pinnwand, die Sie immer im Blick haben. Wenn sich Prioritäten ändern, können Sie Ihre Merkzettel einfach entsprechend verschieben.

Dieses *flexible System* ist wie ein Spiel und entspricht Ihrem Bedürfnis, sich Optionen offen zu halten. Auf diese Weise können Sie organisiert arbeiten. Auch wenn Sie zwischendurch divergent in verschiedene Richtungen abschweifen, verlieren Sie nicht den Überblick.

Regel 3: Ein Kalender – aber für alle Termine

Ein Kalender oder Organizer muss sein! Auch wenn dieser Tipp banal erscheint und auf den ersten Blick nur konvergenten Zeitmanagern etwas bringt.

Kalender bieten viele Alternativen: Planung für den Tag, die Woche oder den Monat. Es gibt sie im Westentaschen-Format, in DIN-A5-Größe, als Tisch- oder Wandkalender. Farben, Material und Ausstattung lassen keine Wünsche offen – eigentlich ein Dorado für divergente Menschen! Leider können diese sich oft nicht entscheiden: Am liebsten würden sie alle kaufen, um auszuprobieren, mit welchem sie am besten zurechtkommen. Daher besitzt ein divergenter Zeitmanager *mindestens drei Organizer* und benutzt sie auch alle gleichzeitig. Mal nimmt er das Westentaschen-Format mit und trägt dort seine Termine ein, ein anderes Mal bekommt das Notizbuch den Vorzug, und im Büro bietet sich der Wand- oder Tischkalender an. Weil es aber mit dem Nach- und Aufarbeiten hapert, stehen die Chancen sehr schlecht, dass alle Termine auch wirklich Beachtung finden, und Doppelbelegungen sind vorprogrammiert. Aus Frust werden alle Kalender schließlich irgendwann in die Schublade verbannt.

Das Erfolgsgeheimnis divergenter Zeitmanager kann also nur lauten:

- Einfach halten!
- Viel visualisieren!
- Flexibel bleiben!
- Spaß daran haben!

Ann McGee-Cooper: »Ich kaufe mir nur Organizer, die meine Sinne unmittelbar ansprechen. Darin habe ich immer einen kleinen Block Post-it-Notes, drei farbige Textmarker und einige bunte Klebepunkte. Wenn ich unterwegs einen Termin vereinbaren muss, gehe ich folgendermaßen vor: Entweder rufe ich in meinem Büro an, um sicherzustellen, dass dieser Termin noch frei ist, oder ich schreibe den Termin vorläufig auf eine Post-it-Notiz und kennzeichne ihn mit einem roten Klebepunkt. Das signalisiert mir, dass ich diesen Termin noch endgültig abklären und bestätigen muss.«

> **Praxis-Tipp**
> *Bringen Sie Farbe in Ihren Kalender:* Auch Textmarker können Ihnen helfen, realistischer mit Ihrer Zeit umzugehen:
>
> - Markieren Sie auswärtige Termine *gelb*, um so zu verdeutlichen, dass Sie auch die Reisezeit einplanen müssen. Auf diese Weise erkennen Sie auf den ersten Blick, wenn Sie Gefahr laufen, ständig unterwegs zu sein und nicht genügend Zeit für dringende Aufgaben im Büro und für Ihre Familie zu haben.
> - Verpflichtungen, die ein hohes Maß an Vorbereitung beanspruchen, sollten Sie *rot* markieren. Das signalisiert Ihnen: »Achtung, ich brauche viel Zeit, um zu planen, Testläufe zu fahren und mich ausreichend vorzubereiten!«
> - *Orange* steht für Verabredungen, die pünktlich eingehalten werden müssen, aber keiner besonderen Vorbereitung bedürfen.
> - Alles, was Ihnen Freude bereitet, sollten Sie *grün* markieren. Es ist wichtig, dass Ihr Kalender viele grüne Highlights aufweist: Nur wenn Sie sich Zeit für Spaß und Lebensfreude nehmen, bleiben Sie auf Dauer leistungsfähig!

Der Schlüssel zu einem wirklich erfolgreichen Zeitmanagement liegt darin, Zeit für sich selbst und die eigene Lebensfreude einzuplanen und diese Termine genauso ernst zu nehmen wie geschäftliche Verpflichtungen.

Regel 4: Befolgen Sie Ihre Planung

Einen Plan zu erstellen und dann auch konsequent abzuarbeiten – für *konvergente Personen* ist diese Regel zweifelsohne die einfachste. Für *divergente Menschen* ist sie jedoch kaum zu bewältigen. Zu einem divergenten Arbeitsstil gehören Spaß an Neuanfängen, frische Ideen und Richtungswechsel, nicht aber Routinearbeiten und schon gar nicht die konsequente Umsetzung von Plänen:

- Ein *konvergenter Mensch* fragt sich: »Warum das Rad neu erfinden? Das ist doch absolute Zeitverschwendung.«
- Ein *divergenter Mensch* jedoch muss das Rad immer wieder neu erfinden. Nur so kann er sich immer wieder aufs Neue motivieren und lähmende Routine vermeiden.

Das Geheimnis divergenter Zeitmanager liegt also darin, ihr Ordnungssystem permanent zu verändern.

Ann McGee-Cooper: »Alle paar Wochen besuche ich ein Bürogeschäft und kaufe alles, was mir besonders gut gefällt. Das kann funktional sein oder einfach nur zum Spielen: tolle Schreibstifte oder ein rotes Klemmbrett, das meine To-do-Liste aus Post-it-Notizen hält. Einige meiner Käufe benutze ich nicht lange, mit anderen experimentiere ich nur. Der große Gewinn liegt darin, dass ich das »verspielte Kleinkind« in meinem Inneren ansprechen und spielerisch für lästige Dinge wie Ordnung und Zeitplanung gewinnen kann.«

Was es divergente Menschen auch immer kosten mag, sich beim Ordnungschaffen bei Laune zu halten – es ist seinen Preis wert!

Konvergente Menschen kaufen nur dann etwas, wenn sie es auch wirklich benötigen. Im Gegensatz dazu kaufen *divergente Menschen* oft Dinge, die sie überhaupt nicht brauchen und von denen

sie nicht wissen, was sie damit anfangen sollen – einfach nur, weil sie ihnen gefallen.
Divergente Menschen müssen sich diese Käufe hin und wieder gestatten. Allerdings sollten sie sich dabei unbedingt ein Limit setzen – 50 Euro im Monat, um hoch motiviert, organisiert und zielstrebig zu sein? Eine Investition, die sich lohnt! »Kreativ-Käufe« wirken äußerst positiv auf Energie, Konzentration und Produktivität und machen sich so doppelt bezahlt.

High Speed und High Joy in Balance

So gegensätzlich wie divergente und konvergente Typen sind auch Geschwindigkeit und Vergnügen, *High Speed* und *High Joy*. Auch hier gilt: Nur zusammen sind beide wirklich erfolgreich; wird ein Part zugunsten des anderen geopfert, bedeutet dies langfristig einen erheblichen Verlust.

Leider werden wir als Heranwachsende genötigt, Bewegung, Spaß und Spiel zugunsten von Ausbildung und Arbeit aufzugeben. Die Erfindung von Montagebändern und die Umsetzung von REFA-Studien ließen uns lange glauben, dass optimierte und genormte Arbeitsabläufe zu höchster Geschwindigkeit, Produktivität und Rentabilität führen. Heute wissen wir: Wenn wir unser kreatives Potenzial unterdrücken und all unsere Anstrengungen darauf konzentrieren, effektiver und schneller zu arbeiten, verlieren wir unsere einzigartigen Möglichkeiten als kreative Individuen.

Unterwerfen Sie Ihr kreatives Potenzial nicht Effektivität und Schnelligkeit.

Studien über Langlebigkeit und Gesundheit zeigen: Wer es versteht, Arbeit und Freude gleichermaßen in seinen Alltag zu integrieren und im Gleichgewicht zu halten, lebt nicht nur länger, sondern ist auf Dauer glücklicher und kann das Leben besser genießen.

Egal, ob linkshirnig oder rechtshirnig, monochronisch oder polychronisch, konvergent oder divergent: Das Erfolgsgeheimnis liegt darin, immer wieder nach neuen Wegen zu suchen, um Arbeit und Vergnügen in Balance zu halten. Versuchen Sie, der Forderung nach Geschwindigkeit möglichst viel Vergnügen und Spaß entgegenzusetzen – so bekommen Sie wieder neue Energie für Ihre Aufgaben. Setzen Sie Freude und Erholung als wichtige Faktoren für Ihren Erfolg ein.

Vom Zeitmanagement zum Lebensmanagement

»Man kann dem Leben nicht mehr Tage geben,
aber den Tagen mehr Leben.«
Amerikanische Managerweisheit

Zeitmanagement ist eigentlich ein Widerspruch in sich. Denn: Wir können die »Zeit« gar nicht »managen«, sondern nur uns selbst. Zeitmanagement bedeutet also *Selbstmanagement*. Zeit verrinnt kontinuierlich, unerbittlich, unbeeinflussbar. Halten Sie doch einmal kurz für ein paar Sekunden inne:

Was ist gerade passiert? Ihre Lebensuhr ist wieder ein Stückchen weiter abgelaufen – unwiederbringlich! Schlimm? Wie auch immer Sie darüber denken, was auch immer Sie fühlen: Sie können Ihre Lebensuhr nicht zurückdrehen. Aber Sie können den Umgang mit Ihrer Zeit *proaktiv* nach Ihren Vorstellungen gestalten – oder es zumindest versuchen!

Ihre persönliche Time Line

Stellen Sie sich einen *Zollstock* vor, der jedoch nicht wie üblich zwei Meter, sondern nur 100 Zentimeter misst. Oder besser: Nehmen Sie einen echten Zollstock und kürzen sie ihn auf 100 Zentimeter! Legen Sie nun Ihren Daumen auf die Zahl, die Ihrem jetzigen Alter entspricht.

Betrachten Sie die Zahlen *links* von Ihrem Daumen: Diese stehen für Ihre Vergangenheit, für die Zeit, die bereits hinter Ihnen liegt – freud- oder leidvoll, vielleicht beides. Das spielt jetzt keine Rolle mehr: Sie können diese Zeit *nicht* mehr zurückdrehen, geschweige denn nachträglich ändern! Blicken Sie nicht im Zorn zurück. Eine alte chinesische Lebensweisheit besagt: *Es ist müßig, über vergossene Milch zu klagen.*

Viel wichtiger für Sie ist der Abschnitt *rechts* von der Zahl, bei der Sie gerade sind:

- Wie groß ist die Entfernung bis zu Ihrem statistischen »Verfallsdatum«?
- Wie viel Zeit-Kapital haben Sie in etwa noch zur Verfügung?
- Was können und was wollen Sie in Ihrer restlichen Lebenszeit erreichen?

Sie haben es – im wahrsten Sinne des Wortes – in Ihrer Hand!

»Das Leben ist viel zu kurz, um schlechten Wein zu trinken«, lautete einst der Werbeslogan der deutschen Weinwirtschaft. Machen auch Sie sich bewusst:

Heute ist der erste Tag vom Rest Ihres neuen Lebens, den Sie mit einem *neuen Zeitbewusstsein* beginnen können!

Die Suche nach dem persönlichen Lebenssinn wird im Lebens- und damit auch im Zeitmanagement vieler Menschen immer wichtiger: Heute bedeutet Zeitmanagement weitaus mehr, als Posteingänge nach Prioritäten zu sortieren.

Zeitmanagement ist Selbstmanagement und aktive Lebensgestaltung oder *Life-Leadership*®.

Inwieweit wir eher selbst- oder fremdbestimmt mit unserer Zeit umgehen, hängt vor allem von uns selbst ab. Sicherlich können wir unser Umfeld nicht immer so beeinflussen, wie wir das gerne möchten, aber die Wahrscheinlichkeit, es doch zu tun, beträgt immer mehr als null Prozent.

Zeitsouveränität bedeutet, Ihre Zeit und damit Ihr Leben nach Ihren eigenen Vorstellungen und Wünschen zu gestalten – natürlich innerhalb der gegebenen Rahmenbedingungen. Und: Sie können diese Rahmenbedingungen verändern!

Zeitmanagement in einer beschleunigten Welt bedeutet also, Rhythmus statt Tempo zu leben und sich auf das wirklich Wichtige zu konzentrieren – sowohl beruflich wie auch privat: *Balancing Your Professional and Personal Life.*

Time Management wird damit immer mehr zu *Life-Leadership,* eine Entwicklung, die auch *Stephen Covey* eindrucksvoll in seinen Büchern beschreibt.

Von »Time is Money« zu »Time is Life«

»Time is Money«, zu Deutsch: »Zeit ist Geld« – dieser wohl bekannteste Leitsatz über Zeit geht auf *Benjamin Franklin* zurück. Franklins materialistischer, quantitativer Einstellung zur »Zeit« sollten wir eine andere, qualitative Sichtweise entgegensetzen: »*Time is Life*«, denn Zeit ist wesentlich wertvoller als Geld; Zeit ist unwiederbringlich: »Zeit ist Leben!«

Geld, das Sie verloren haben, können Sie immer wieder zurückgewinnen – Zeit hingegen nie. Wenn Ihnen jemand 200 Euro stehlen will, werden Sie versuchen, das mit aller Macht zu verhindern – wenn Ihnen hingegen jemand zwei Stunden Zeit raubt, lassen es die meisten einfach so geschehen: »Die einzigen Diebe, die in unserer Gesellschaft nicht bestraft werden, sind die Zeitdiebe«, wusste schon Napoleon.

Das Kernproblem des Zeitmanagements liegt darin, dass wir in der *Dringlichkeit* des Arbeitsalltags in operative Hektik verfallen und so unsere Lebensvision und Prioritäten allzu leicht aus den Augen verlieren. Alle wollen alles sofort von uns, am liebsten schon vorgestern. Die wirklich wichtigen Dinge müssen wir auf später verschieben. Darum wollen wir uns kümmern, wenn wir endlich einmal »Zeit haben«. Doch diese persönliche Auszeit haben wir im Grunde genommen nie!

Operatives Zeitmanagement versucht, die Symptome zu kurieren, beseitigt aber nicht die wahren Ursachen unseres Zeitproblems! Terminkalender, Organizer, Zeitplanbücher und multifunktionale Office-Programme helfen uns, unseren beschleunigten Arbeitsalltag zu bewältigen. Mit ausgeklügelten Formularen für Tagespläne, To-do-Listen und Projektübersichten bekommen wir unsere Arbeitszeit zweifelsohne auch besser in den Griff: Wir planen regelmäßig und vorausschauend unseren Tag, setzen eindeutige Prioritäten und gehen konsequenter mit Störfaktoren und Zeitdieben um. Ein so praktiziertes Zeitmanagement ist geeignet, unsere *Effizienz* nachhaltig zu verbessern: Wir tun das, was wir tun, *richtig.* Wenn wir uns jedoch auf die falschen Aktivitäten konzentrieren, sind wir nach wie vor im Zeitstress – allerdings wesentlich professioneller organisiert! Oder anders ausgedrückt: »Still confused, but on a higher level.«

Haben Sie in dieser Woche auch mehr als 70 Stunden gearbeitet, über 2 000 Kilometer auf der Autobahn zurückgelegt und 37 Kunden besucht? Empfinden Sie das als tolle Leistung?

Offen bleibt, was Sie in dieser Zeit tatsächlich erreicht haben – und das ist keine Frage der Effizienz, sondern der *Effektivität.* Schon *Peter F. Drucker,* der Vater des modernen Managements, sprach sich in den 60er Jahren gegen ein »Let's do a little bit of everything« aus und forderte, sich vornehmlich auf die entscheidenden Prioritäten zu konzentrieren: »First things first« *(The Effective Executive).* Effektivität bedeutet daher, nicht in blinden Aktionismus zu verfallen, sondern die *richtigen Dinge* zu tun.

Stellen Sie sich vor, ein Bündel Geldscheine flattert vor Ihnen zu Boden: ein 500-Euro-Schein und viele 5-Euro-Scheine. Worauf würden Sie sich zuerst stürzen, wenn auch andere sofort zugreifen könnten? – Auf den großen Schein natürlich! Das ist »effektiv«, und das macht jeder andere genauso!

Aber was haben Sie letzte Woche in Ihrem Job getan? Haben Sie sich auch auf die »großen Dinge«, die »Big Points« konzentriert, oder haben Sie sich in vielen kleinen Nebensächlichkeiten verzettelt?

Effizienz heißt, die Dinge richtig tun –
Effektivität heißt, die richtigen Dinge tun.

Wer glaubt, allein durch den Erwerb eines Zeitplanbuches oder den Besuch eines Zeitmanagement-Seminars wirklich mehr Zeit zu haben, der irrt gewaltig. Sicher gelingt es Ihnen so, *effizienter* zu arbeiten, Sie werden aber nicht unbedingt *effektiver*. Entscheidend ist, in welche Aufgaben Sie Ihr Lebenszeit-Kapital investieren: Nur, wenn Sie Ihrem Tun einen höheren Sinn geben, wird *Zeit*management zum *Lebens*management.

Zwischen der untersten Planungsstufe eines einfachen Terminkalenders und der obersten Stufe eines *ganzheitlichen Zeit-, Ziel- und Selbstmanagements,* das an beruflichen und persönlichen Lebenszielen ausgerichtet ist, kann man verschiedene *Entwicklungsstufen* ausmachen.

Die Treppe auf Seite 68 zeigt von *Stufe 0 bis Stufe 3* den Status, auf dem sich die meisten befinden: Termine, häufig auch To do's werden kontinuierlich notiert und mehr oder weniger konsequent abgearbeitet – Profis benutzen dazu ein Zeitplanbuch *(Stufe 4)*. Die wenigsten jedoch formulieren schriftliche Jahresziele *(Stufe 5)* oder können gar ihre Lebensvision beschreiben *(Stufe 6)*. Und kaum einer hat seine Zeit und damit sein Leben so im Griff, dass seine kurzfristigen Tagesaktivitäten mit seinem langfristigen Lebensziel in Einklang stehen *(Stufe 7)*. Wie Sie es bis zur 7. Stufe schaffen, erfahren Sie in den folgenden Kapiteln.

Entwicklungsstufen vom Terminkalender zu einem ganzheitlichen Zeit-, Ziel- und Selbstmanagement

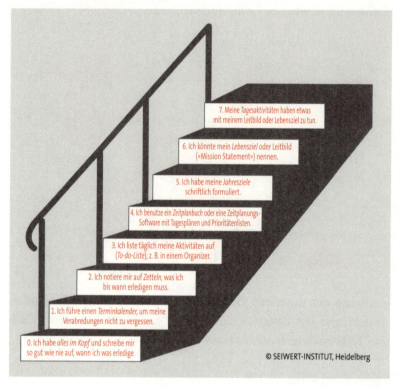

Ganzheitliches Zeit- und Lebensmanagement: Work-Life-Balance

»Ob etwas Gift oder Heilmittel ist,
bestimmt allein die Dosis.«

Hippokrates

»Dafür habe ich im Moment leider keine Zeit!« – Wie oft haben wir diese Entschuldigung schon gehört oder aber selbst gebraucht? Bei vielen Menschen ist das Verhältnis zwischen Berufs- und Privatleben längst völlig außer *Balance* geraten. Ein guter Freund erzählte mir von einem Vorfall, der ihn nachdenklich gestimmt hatte:

Vor kurzem rief mich ein alter Schulfreund an. Ich hatte schon lange nichts mehr von ihm gehört. Nun liegt er im Krankenhaus – Herzinfarkt mit 43. Seine Frau hätte sich fast von ihm getrennt. Nie hatte er Zeit für sie oder die Kinder, immer ging der Beruf vor. Jetzt endlich denkt er ernsthaft darüber nach, wie er in Zukunft sein Leben sinnvoller gestalten kann.

Die einseitige *chronische Überbetonung eines Lebensbereichs* führt zwangsläufig zu Problemen in anderen, ebenso wichtigen Bereichen.

Ganzheitliches Zeit- und Lebensmanagement verfolgt das Ziel, nicht nur Zeit für alle wichtigen Lebensbereiche – Beruf, Familie, Gesundheit und die Frage nach dem Sinn – zu gewinnen, sondern diese vier Bereiche auch in *Balance* zu bringen und zu halten – *Work-Life-Balance*.

Wichtige Anregungen für diesen Ansatz gehen auf *Nossrat Peseschkian* (www.wiap.de) zurück, der in seinen transkulturellen Untersuchungen vier Einflussfaktoren auf die *Balance zwischen Berufs- und Privatleben* herausgearbeitet hat:

Das Lebens-Balance-Modell (nach Peseschkian/Seiwert)

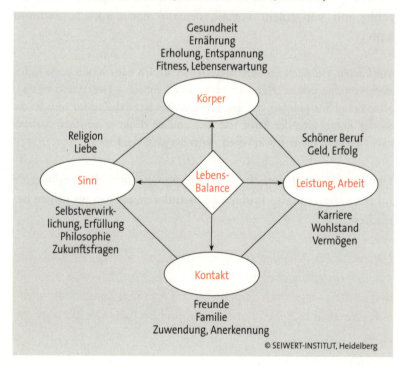

Die einzelnen Lebensbereiche sind voneinander *abhängig*. Eine zeitliche Überbetonung des Leistungsbereiches führt zwangsläufig zu einer Vernachlässigung der anderen Bereiche: Durch die einseitige Überbeanspruchung im beruflichen Bereich werden nicht nur private Kontakte vernachlässigt, sondern auch die eigene Gesundheit und die persönliche Sinn- und Wertorientierung. Leistungsfähigkeit und Motivation werden früher oder später rapide absinken. Letztlich wird aus »mehr« eher »weniger«.

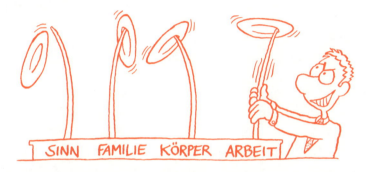

Ihre persönliche Lebens-Balance

Nehmen wir einmal an, die Summe aller vier Lebensbereiche beträgt 100 Prozent. Blicken Sie jetzt auf Ihre *derzeitige* Lebenssituation. Betrachten Sie aber nicht Ihre Wunsch-, sondern die tatsächliche Ist-Situation:

- Wie viel Prozent Ihrer aktiven Zeit, also Ihrer »Wachzeit« (etwa ein Drittel »Schlafzeit« bleibt unberücksichtigt), Ihrer Energie und Aufmerksamkeit widmen Sie dem Bereich *Arbeit und Leistung*?
- Wie viel Prozent investieren Sie in Ihren *Körper und* Ihre *Gesundheit*?
- Wie viel Prozent reservieren Sie für *Kontakte und private Beziehungen*?

- Wie viel Prozent räumen Sie der Beschäftigung mit *Sinn- und Zukunftsfragen* ein?

Teilen Sie die 100 Prozent möglichst spontan und schnell auf die vier Lebensbereiche auf. Je länger Sie tüfteln und überlegen, desto unrealistischer ist das Ergebnis!

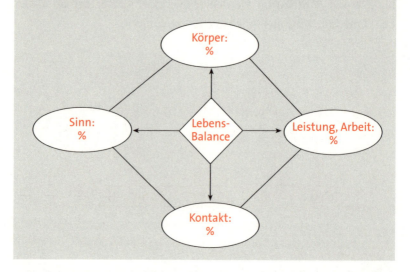

Wie steht es um Ihre Lebens-Balance? Im Bereich Leistung/Arbeit finden sich häufig Werte um die 50, 60 oder 70 Prozent, manchmal sogar noch mehr. Dahingegen werden unter der Rubrik Sinn meist nur 5, 10 oder 15 Prozent genannt – wenn überhaupt. Wir leben eben nicht in einer Sinn-, sondern in einer Leistungsgesellschaft.

Da die meisten von uns berufstätig sind, fallen die Werte im Leistungsbereich natürlich entsprechend hoch aus. Diese rein *quantitative Ungleichheit* ist auf den ersten Blick also ganz normal. Man kann das Balance-Problem nicht einfach rechnerisch lösen, etwa nach der Formel »100 geteilt durch die Anzahl der Lebensbereiche ergibt vier gleiche Teile zu genau 25 Prozent«.

Doch ist erst einmal ein starkes Ungleichgewicht in ein oder zwei Lebensbereichen eingetreten, so wirkt sich dies zwangsläufig auch auf die anderen Bereiche aus:

- Ein Zuviel im Bereich *Leistung/Arbeit* kann zu psychosomatischen Störungen im gesundheitlichen Bereich, zu Konflikten im Familien- und Freundeskreis oder sogar zu Sinnkrisen führen.
- Die Folgen einer einseitigen Betonung von *Leistung* und *Körper* zeigen sich bei manchem Spitzensportler, der sich von einer Verletzung zur nächsten quält, sein Privatleben vernachlässigt und irgendwann keinen Sinn mehr in diesem eingleisigen, unfreien Tun sieht.
- Ebenso endet jemand, der einzig und allein nach dem *Sinn* des Lebens sucht und sich permanent auf dem Bewusstseinserweiterungs-Trip befindet, höchstwahrscheinlich in einer dunklen Sackgasse oder bei einer dubiosen Sekte.

Die persönliche *Wohlfühl-Balance* im Hinblick auf die vier Lebensbereiche wird höchst unterschiedlich wahrgenommen, und zwar in subjektiver *Zeitqualität*. Eine Stunde abendlicher Konzertbesuch vergeht wie im Fluge und ist ein wahrer Hochgenuss, wohingegen das Ausfüllen der Unterlagen für die »heiß geliebte« Einkommensteuererklärung einfach kein Ende zu nehmen scheint.

Der Schlüssel zum Erfolg liegt in der Balance zwischen allen vier Lebensbereichen, der *Work-Life-Balance*.

In seinen Forschungen zur Psychosomatik, also zu den gesundheitlichen Wechselwirkungen von Psyche, Körper und sozialem Umfeld, betont *Nossrat Peseschkian* die Notwendigkeit, allen vier Bereichen genügend Zeit und Aufmerksamkeit zu widmen. Nur so kann man körperlichen und seelischen Erkrankungen frühzeitig vorbeugen. Für *Peseschkian* ergibt sich eine klare Rangordnung der vier Bereiche in den westlichen Industrienationen:

Rang 1: Leistung Hohes Engagement am Arbeitsplatz, ausgeprägtes Verantwortungsgefühl für übernommene Aufgaben und der Wunsch, sich beruflich weiterzuentwickeln, erfordern eine intensive Betonung des Leistungsbereiches.

Keine oder unrealistische Planung, unklare Prioritäten, ineffektive Arbeitsmethodik, Termindruck und ein schlechtes Gewissen wegen liegen gebliebener Aufgaben führen dazu, dass man auch nach Dienstschluss nicht einfach abschalten kann.

Die Folge ist *Zeitstress:* Probleme und Unerledigtes werden mit nach Hause genommen und machen es nahezu unmöglich, die Freizeit zu genießen. Darunter leiden natürlich die drei übrigen Lebensbereiche.

Rang 2: Gesundheit Gesundheit ist für viele Menschen kein Thema. Erst, wenn wir krank werden, merken wir, wie wichtig Gesundheit ist. Immer mehr Menschen widmen daher – meist gezwungenermaßen – einen erheblichen Teil ihrer Zeit der Erhaltung oder Wiederherstellung ihrer Gesundheit. Allerdings allzu oft unter der Prämisse, noch leistungsfähiger im Beruf zu werden.

Rang 3: Kontakte In unserer Leistungsgesellschaft bleibt nur wenig Zeit für Familie und Partnerschaft oder die Pflege von Freundschaften. Berufliche Verpflichtungen auch nach Dienstschluss und der Zweitcomputer für zu Hause, all das nagt am Zeit-Kapital für unsere sozialen Kontakte.

Immer mehr Menschen sind sich jedoch der drohenden Gefahr von Entfremdung und Isolation bewusst und gehen gezielt dazu über, ihre sozialen Kontakte intensiv zu pflegen.

Rang 4: Sinnfrage Viele Menschen glauben, dass wir der Frage nach den *Werten*, die unserem Leben Sinn geben, und den *Zielen*, die wir verfolgen, zu wenig Raum geben. Daher widmen viele der Beschäftigung mit Glaubensfragen und der Zukunft immer mehr Zeit.

In unserer Gesellschaft vollzieht sich ein Wertewandel: Ein sinnerfülltes Leben, Zeit für sich und die Familie werden immer wichtiger. Statt der Überbetonung eines Bereichs werden Balance und Harmonie zwischen allen vier Bereichen angestrebt.

Wir haben jeden Tag nur eine äußerst begrenzte Anzahl von Stunden zur Verfügung. Um in Balance zu bleiben, erfordert jede Ausweitung eines Bereichs die Beschränkung eines anderen, mindestens aber eine bessere Nutzung unseres kostbaren Kapitals Zeit.

Ganzheitliches Zeitmanagement hilft Ihnen, Ihre Zeit besser zu nutzen und Ihr Leben in Balance zu halten.

Teil II

*Vier Schritte zur persönlichen
Zeitsouveränität und Effektivität*

Ihre persönliche Erfolgspyramide zur Effektivität

»Auch die längste Reise beginnt mit dem ersten Schritt.«
Alte chinesische Lebensweisheit

Individuelle Lebensgestaltung

Die neuesten Forschungen über Lebensläufe von Berufstätigen zeigen, dass die *klassische Dreiteilung* des Lebens in die Phasen

Ausbildung → Erwerbstätigkeit → Ruhestand

längst überholt ist. Früher musste man häufig bis zur letzten Stunde seines Erwerbslebens voll leistungsfähig sein, um dann mit Erreichen des Pensionsalters abrupt aus dem Beruf auszuscheiden – mit Folgeproblemen wie dem Pensionierungsschock.

Heute ermöglichen flexible Arbeits- und Lebenszeitmodelle einen gleitenden Übergang in den Ruhestand. Und auch nach dem Ausscheiden aus dem Berufsleben hat man unzählige Möglichkeiten, sich neuen Herausforderungen zu stellen, beispielsweise als Interimsmanager, als Senior-Berater oder Mentor für Berufseinsteiger.

Die meisten von uns freuen sich auf den wohlverdienten Ruhestand, denn sie hoffen, dann endlich Zeit für sich zu haben. Doch wir alle sollten uns nicht erst nach der Pensionierung, sondern gerade in den Hochphasen des Berufslebens konsequent *persönliche Zeitbudgets* für die Verwirklichung privater Lebensziele schaffen.

Bewusster und glücklicher leben, Life Styling, Selbstmanagement, erfolgreiche Lebensgestaltung und Hedonismus sind nur einige moderne Schlagworte, die den Wunsch nach individueller Verfügungsgewalt über das kostbare Lebensgut »Zeit« ausdrücken. *Zeitsouveränität* ist dabei die Voraussetzung für Selbstverwirklichung und Persönlichkeitsentfaltung. Doch Zeitsouveränität ist ein Stück »Lebensqualität«, das sich die meisten von uns hart erkämpfen müssen.

Lebens- und Selbstmanagement durch Zeitsouveränität bedeutet bewusster, eigenverantwortlicher und gleichgewichtiger Umgang mit dem kostbaren, knappen Gut »Zeit« in allen beruflichen und persönlichen Lebensbereichen.

Neue Lebensphasen: Das zweite Erwachsenenalter

Die in den Natur- und Sozialwissenschaften verbreitete *Theorie der Lebenszyklen* oder *Lebensperioden* besagt, dass der Mensch etwa alle sieben Jahre in ein neues Stadium der Persönlichkeitsentwicklung eintritt. Auf Übergangszeiten folgen Phasen der Stabilität – und umgekehrt. Die einzelnen Phasen gehen einher mit sozialen Wandlungsprozessen im Familien- und Berufsleben. Karrierestudien und Untersuchungen von Lebenszyklen Erwachsener deuten darauf hin, dass sich die Zielvorstellungen und Prioritäten des Einzelnen im Laufe seines Lebens mehrfach ändern.

So betrachten viele die ersten Jahre im Beruf als Phase der Konsolidierung und Konzentration der Kräfte, um Karriere zu machen. Sie sind voll und ganz auf ihre Arbeit konzentriert, Familie und Freizeit stehen erst an zweiter Stelle. Dennoch sind diese Menschen mit ihrer Situation zufrieden, hochgradig motiviert und bereit, viele Überstunden zu leisten.

Meist werden persönliche Lebensziele also stark vom *Karriere-* und *Einkommensdenken* dominiert. Doch die Komprimierung der Arbeitszeit auf die mittleren Lebensjahre und die überholte Vorstellung von einem »erfüllten Arbeitsleben« werden zunehmend als Bürde empfunden. Überforderung, Mehrfachbelastung, Hektik und vor allem *Stress* sind die negativen Begleiterscheinungen dieses stereotypen Lebensmusters, das mehr und mehr infrage gestellt wird.

Die Lebenszyklen von Erwachsenen haben sich grundlegend verändert. Menschen brauchen heutzutage einerseits länger, bis sie wirklich erwachsen sind und eine gewisse Lebensreife erlangt haben. Andererseits steigt die Lebenserwartung kontinuierlich an. Die früheren Eckpunkte des Erwachsenseins:

- Beginn mit 21 und
- Ende mit 65

sind längst hoffnungslos überholt.

Die Amerikanerin *Gail Sheehy* beschreibt einen völlig neuen Abschnitt in der Lebensmitte – etwa mit 45 Jahren – als *zweites Erwachsenenalter*.

Statt sich auf dem absteigenden Ast zu befinden, erzielen Menschen, die diesen neuen Abschnitt jenseits der männlichen und weiblichen Wechseljahre positiv in Angriff nehmen, enorme Fortschritte in ihrer persönlichen Entwicklung: Höhere Lebensqualität

Der neue Erwachsenen-Lebenszyklus nach Gail Sheehy
(in Anlehnung an G. Sheehy, New Passages. Mapping Your Life across Time.
2. Aufl. New York: Ballantine Books, 1996)

Ihre persönliche Erfolgspyramide zur Effektivität

geht einher mit tieferem Sinngehalt, spielerischer Leichtigkeit und großer Kreativität.

Gestützt wird die Theorie von *Gail Sheehy* durch die *radikale Verschiebung* gesellschaftlicher und persönlicher Normen und Werte, die in den letzten Jahren zu beobachten ist. So kommt es uns keinesfalls mehr ungewöhnlich vor, wenn

- 13-Jährige ungeniert in der Öffentlichkeit rauchen;
- 16-Jährige mit ihrem Freund oder ihrer Freundin zusammenziehen;
- 30-Jährige immer noch zu Hause bei ihren Eltern wohnen;
- 40-jährige Frauen ihr erstes Kind erwarten;
- 50-Jährige zwangsweise frühpensioniert werden;
- 65-Jährige ein Studium beginnen, ihr Examen ablegen und einen Beruf ergreifen;
- 70-Jährige an Marathonläufen teilnehmen;
- 80-Jährige zusammenziehen, Spaß am Sex haben und ihre erwachsenen Kinder verunsichern.

Gail Sheehy unterscheidet drei charakteristische *Lebensperioden*:

- das vorläufige Erwachsenenalter (18 bis 30)
- das erste Erwachsenenalter (30 bis 45)
- das zweite Erwachsenenalter (45 bis 85 plus)

Die drei neuen Lebensphasen im Erwachsenenalter kann man auch – wie auf den Seiten 82 und 83 – in Form einer *Landkarte* darstellen.

Das Bahnbrechende an Sheehys Erkenntnissen ist die »Adult Revolution«, das »*Zweite Erwachsenenalter*« in den mittleren Lebensjahren.

Mit dem Tag, an dem Sie 45 werden, treten Sie in einen neuen, aufregenden Lebensabschnitt ein.

Mit etwa 45 Jahren betreten wir völlig neues Terrain, das *Sheehy* »*Überlegenheit*« (Mastery) nennt. Jetzt endlich wissen wir, wo wir im

Leben stehen, wer wir sind, was wir wollen und wie wir es erreichen können. Nun ist es Zeit für durchgreifende Veränderungen, um unser Leben nach unseren *ganz persönlichen Vorstellungen* zu gestalten.

Doch generell gilt: Ganz gleich wie alt Sie sind, es liegt in Ihrer Hand, was Sie aus Ihrem Leben machen. Warten Sie nicht, bis es zu spät ist!

Vier Stufen zu Ihrem erfolgreichen Life-Leadership®

In vier Schritten zu *Zeitsouveränität* und *Effektivität* – das *Life-Leadership*®-Erfolgsprogramm zeigt Ihnen, wie es geht:

Erfolgspyramide zur Effektivität

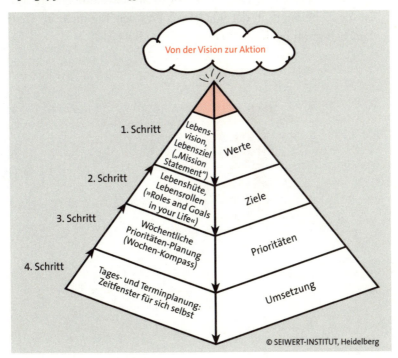

- Im *ersten Schritt* entwickeln Sie Ihre *Lebensvision,* Ihr berufliches und persönliches Leitbild und formulieren in einem ersten Entwurf Ihre *Lebensziele.*
- Im *zweiten Schritt* definieren Sie die *Lebenshüte* oder *-rollen,* mit denen Sie täglich durchs Leben gehen. Nur so können Sie Ihre langfristige Vision konkret in Ihrem Alltag verankern und mit Inhalt und Leben füllen.
- Im *dritten Schritt* beginnen Sie mit Ihrer wöchentlichen *Prioritätenplanung.* Während bei der Tagesarbeit vornehmlich externer Termindruck im Hinblick auf die Erledigung von *dringlichen* Aufgaben im Vordergrund steht, hilft Ihnen die Wochenplanung, sich auf die wirklich *wichtigen* beruflichen und persönlichen Ziele zu konzentrieren.
- Im *vierten Schritt* geht es schließlich um die tägliche Konsequenz bei der Umsetzung und Selbstmotivation, denn der *Tag* ist die Zeiteinheit, in der wir leben: Wer den Tag nicht im Griff hat, bekommt auch sein Leben nicht in den Griff.

Erster Schritt:
Vision, Leitbild und Lebensziel entwickeln

»Würdest du mir bitte sagen, wie ich von hier aus weitergehen soll?«
»Das hängt zum größten Teil davon ab, wohin du möchtest«, sagte die Katze.
»Ach, wohin ist mir eigentlich gleich ...«, sagte Alice.
»Dann ist es auch egal, wie du weitergehst«, sagte die Katze.
                    Lewis Carroll, *Alice im Wunderland*

Erfolgspyramide zur Effektivität

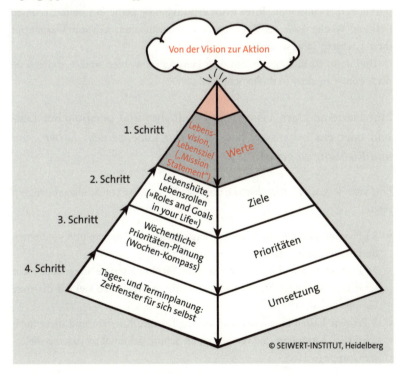

Visionen, Leitbilder, Lebensziele

»Große Persönlichkeiten haben große
Träume.«
        Nikolaus B. Enkelmann, Erfolgstrainer

Viele Menschen lassen sich einfach treiben, lassen alles auf sich zukommen und haben keine Ziele – weder im Berufs- noch im Privatleben. Sie sind der Meinung, dass sie ohnehin keinen Einfluss auf die Zukunft haben, dass sowieso alles Schicksal oder Zufall ist.

In meiner ersten beruflichen Position im Personalwesen eines Großunternehmens der Eisen- und Stahlindustrie in Düsseldorf lernte ich eine ganze Reihe von Mitarbeitern kennen, die bereits am Montagmorgen darüber klagten, dass sie schon wieder zur Arbeit mussten und sich sehnlichst den Freitagnachmittag herbeiwünschten. Ihren Frust ertränkten sie gerne in Cognac, retteten sich von Wochenende zu Wochenende und motivierten sich mit Warten auf ihren nächsten Jahresurlaub.

Und wenn sie nicht gestorben oder pensioniert worden sind, verharren sie noch immer re-aktiv in ihrem Schicksal ...

Nur wer eine klare Vision, ein berufliches und persönliches Leitbild oder ein Lebensziel hat, ist in der Lage, *seinem Leben Sinn und Richtung zu geben:*

Eine amerikanische Langzeitstudie über den Werdegang von Studienabgängern zeigte:

- 83 Prozent hatten keine klare Zielsetzung für ihre Karriere und verdienten durchschnittlich in etwa dasselbe (= 1x).
- 14 Prozent hatten eine klare Zielsetzung für ihre Karriere, diese aber nicht schriftlich festgelegt. Sie verdienten im Schnitt dreimal so viel wie die erste Gruppe (= 3x).
- 3 Prozent hatten eine klare Zielsetzung für ihre Karriere und diese auch schriftlich formuliert. Sie verdienten im Schnitt zehnmal so viel wie die erste Gruppe (= 10x).

Ob sich Ihre Wünsche erfüllen und Sie Ihre Ziele erreichen, hängt entscheidend davon ab, welche Zukunftsvorstellungen oder *Visionen* Sie haben.

In den 30er Jahren experimentierte ein zwölfjähriger Junge mit kleinen Raketen und träumte davon, zum Mond zu fliegen. Obwohl dies damals absolut unmöglich schien, hielt er an seinen utopischen Vorstellungen fest. 50 Jahre später verwirklichte er als verantwortlicher NASA-Direktor seinen Traum vom Flug zum Mond. Sein Name war Wernher von Braun ...

Ob Heinrich Schliemann, der schon in jungen Jahren von seinem Troja träumte, oder Arnold Schwarzenegger, der sich bereits als schmächtiger Bub wünschte, Mister Universum zu werden – viele erfolgreiche Persönlichkeiten hatten schon sehr früh eine Vorstellung davon, was sie einmal erreichen wollten.

Irgendwann haben wir wohl alle schon einmal den inneren Drang verspürt, die Welt aus den Angeln zu heben. Wir hatten die *Vision*, dass wir unser Leben oder sogar die ganze Welt verbessern könnten. Zukunftsvisionen geben unserem Leben Sinn und Richtung, denn sie dienen als Motivation und sind Auslöser für Veränderungen.

Wenn Menschen eine *gemeinsame Vision* teilen, entsteht die Grundlage für eine erfolgreiche Zusammen- und Teamarbeit: Visionen wecken Energien, lösen Aktivitäten aus und reißen andere mit. Wenn Sie felsenfest an eine Vision glauben, wirkt diese wie ein mentales Kraftzentrum – sie setzt gewaltige geistige und emotionale Energien frei. Eine Vision gibt Ihnen das Gefühl, an einer wichtigen Sache zu arbeiten, und Sie konzentrieren Ihr tägliches Tun auf Ihre wahren Ziele. Vision, Motivation, Inspiration – sie alle hängen eng miteinander zusammen.

Wie Sie *Ihren* Wünschen, Träumen und Visionen auf die Spur kommen, erfahren Sie mithilfe der folgenden Fragen und Übungen. Ganz wichtig: Halten Sie Ihre Lebensvision, Ihr persönliches Leitbild *schriftlich* fest.

Ein persönliches Leitbild oder Lebenskonzept (»Mission Statement«) hilft Ihnen, Sinn und Richtung Ihres Lebens näher festzulegen:

- Ihnen wird klar, was wirklich wichtig für Sie ist.
- Das schriftliche Niederlegen ermöglicht Ihnen, die »Software« in Ihrem Gehirn besser auf die Erreichung Ihrer Lebensziele zu programmieren.
- Die spätere organisatorische »Vernetzung« mit Ihrer Tages- und Wochenplanung hilft Ihnen, Ihre persönliche Lebensvision in Ihre tägliche Arbeit und Ihr Privatleben zu integrieren.

Wege zu Vision, Leitbild und Lebensziel

»Wenn du ein Schiff bauen willst, dann rufe
nicht die Menschen zusammen, um Pläne zu
machen, Arbeit zu verteilen, Werkzeug zu holen
und Holz zu schlagen, sondern lehre sie die
Sehnsucht nach dem weiten, endlosen Meer.
Dann bauen sie das Schiff von alleine.«
Antoine de Saint-Exupéry

Wann auch immer Menschen zusammenkamen, um etwas Außergewöhnliches zu erreichen, wurde eine Vision oder ein Leitbild formuliert. Dies war der erste Schritt auf einem langen Weg. Eine Vision zu haben, bedeutet nichts anderes, als ein *inneres Bild* vor

Augen zu haben: Was wir uns bildlich vorstellen können, das können wir auch erreichen.

Wenn ein Architekt ein Haus bauen will, hat er eine genaue Vorstellung, wie es später aussehen soll. Ein Bildhauer sieht die Statue bereits im unbehauenen Felsblock und setzt seine Vorstellung um, indem er nur noch das störende Gestein von der Statue entfernt – schon ist das Kunstwerk vollbracht.

Ein Leitbild oder ein Lebensziel sollte visionären oder sogar missionarischen Charakter haben. Die Amerikaner sprechen daher auch von *Mission Statement*. Wer erinnert sich nicht an *Martin Luther Kings* programmatische Rede mit dem Leitsatz »I Have a Dream ...«?

»Am Leitbild (Mission Statement) zu arbeiten, ist das Wichtigste überhaupt, weil diese Entscheidung alle anderen Entscheidungen betrifft.«
　　Stephen R. Covey, Autor von *Die Sieben Wege zur Effektivität*

Das wohl bekannteste Mission Statement überhaupt stammt von *Gene Roddenberry,* dem geistigen Vater von Raumschiff Enterprise, und hat mittlerweile Kultstatus erlangt:

»Der Weltraum, unendliche Weiten ... Dies sind die Abenteuer des Raumschiffs Enterprise, das viele Lichtjahre von der Erde entfernt unterwegs ist, um fremde Welten zu entdecken, unbekannte Lebensformen und neue Zivilisationen. Die Enterprise dringt dabei in Galaxien vor, die nie ein Mensch zuvor gesehen hat.«

Leitbild, Vision, Mission oder Lebensmotto sind schwer voneinander zu trennen und im Grunde genommen nur verschiedene Begriffe für dieselbe Sache.

Wenn Sie *Ihr persönliches Leitbild* entwickeln wollen, sollten Sie sich mit folgenden Fragen auseinander setzen:

- Was will ich in meinem Leben noch erreichen?
- Was ist mir wichtig, welche persönlichen Werte schätze ich?
- Worin liegen meine Stärken und Talente?
- Worauf will ich am Ende meines Lebens zurückblicken?

Alles, was je von einem Menschen geschaffen oder getan wurde, war zuvor *gedanklich* vorhanden – ob bewusst oder unbewusst, ob als erster, spontaner Einfall oder als ausgereiftes Konzept. Nur etwas, das bereits in den Köpfen der Menschen existiert, kann durch konkrete Maßnahmen reale Gestalt annehmen: Unser Handeln ist das unmittelbare Ergebnis unseres Denkens.

Ein schriftlich formuliertes Leitbild ist also die gedankliche Basis Ihres zukünftigen Lebens – dessen, was Sie gerne sein, tun und erreichen möchten. Und: Erfolgreiche Menschen haben eine ganz klare Vorstellung von ihrer Zukunft.

Alles, was Sie *real* erreichen wollen,
ist zuvor irgendwo *mental* entstanden.

Viele Dinge können wir nur bedingt beeinflussen. Doch wenn wir unsere Zukunft zunächst gedanklich planen und erst dann real in Angriff nehmen, haben wir gute Chancen, unsere Lebensziele auch verwirklichen zu können.

Einstieg: Das Leitbild in der Rückwärts-Betrachtung

Vielen Menschen fällt es schwer, sich einfach so hinzusetzen und ihr persönliches Leitbild zu Papier zu bringen. Eine radikale, aber wirksame Übung besteht darin, seine *eigene Grabrede* zu verfassen.

> **Ihre persönliche Grabrede**
> Stellen Sie sich vor, Sie sind auf Ihrer eigenen (!) Beerdigung, und vor der versammelten Schar der Trauergäste soll eine Rückschau auf Ihr berufliches und privates Leben gehalten werden. Sie können das Rad der Zeit zwar nicht mehr zurückdrehen, sind jedoch der Verfasser Ihrer eigenen Grabrede:
> - Wie soll das Manuskript im Einzelnen aussehen?
> - Was sollte an Positivem hervorgehoben werden?
> - Welche Ihrer Verdienste, Erfolge und Lebensstationen sollen gewürdigt werden?
> - Was sollte tunlichst verschwiegen werden? Worauf soll nicht zurückgeblickt werden?
> - Und was wäre sonst noch zu sagen?
>
> Schreiben Sie einmal den genauen Wortlaut auf und überlegen Sie auch, wen Sie sich als Redner wünschen.

Haben oder hatten Sie mit dieser Übung Schwierigkeiten? Das ist ganz normal. Wer beschäftigt sich schon gerne mit seiner eigenen Beerdigung? Versuchen Sie es trotzdem – es lohnt sich!

Die folgenden Fragen, Aufgaben und Übungen sollen Ihnen dabei helfen, einen ersten schriftlichen Entwurf von Ihrem persönlichen Leitbild, von Ihrer Lebensvision zu erstellen.

Wie auch immer Sie vorgehen: Erst wenn Sie Ihr Leitbild zu Papier gebracht haben, können Sie die Umsetzung Ihrer Lebensvision gezielt in Angriff nehmen. Und Sie werden sehen: Eine schriftliche Vision motiviert ungemein, diese auch in die Tat umzusetzen.

Bitte vergessen Sie nicht: Es geht nicht um ein schnelles Ergebnis, sondern um den Einstieg in einen tieferen, inneren Wachstumsprozess, bei dem gilt: »*Der Weg ist das Ziel*«.

Bausteine eines persönlichen Leitbildes

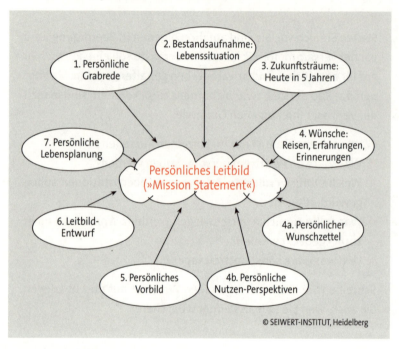

Erster Schritt: Vision, Leitbild und Lebensziel

*Bestandsaufnahme: Meine Lebenssituation,
meine Lebensbetrachtung*

Um überhaupt eine Lebensvision formulieren zu können, müssen Sie zunächst Ihre persönliche und berufliche Ausgangssituation genau in Augenschein nehmen. Ganz wichtig ist, dass Sie auch Ihre Vergangenheit einbeziehen. Wir können unsere Zukunft nicht losgelöst von der Vergangenheit gestalten. Unsere Vergangenheit hat uns geprägt, und wir tragen – oftmals unbewusst – gewisse Werte, Wünsche und Lebensziele in uns.

*Wenn wir wissen wollen, wohin wir gehen,
müssen wir wissen, woher wir kommen.*

Bitte nutzen Sie die folgenden Fragen für Ihre ganz persönliche Bestandsaufnahme und *Lebensbetrachtung*.

Wenn Sie nicht in dieses Buch schreiben wollen oder aber mehr Platz benötigen, dann kopieren Sie einfach die folgenden Seiten. Mein Tipp: Vergrößern Sie die Blätter auf A4-Format.

*Bestandsaufnahme: Meine Lebenssituation,
meine Lebensbetrachtung*

1. Was war mein erstes Erfolgserlebnis in meiner Kindheit, an das ich mich noch konkret erinnern kann?
....
....
....

2. Wie beurteile ich mein Elternhaus und meine Erziehung?
....
....
....

3. Das wievielte Kind in meiner Familie war ich und welche Wirkung hatte das auf mich?
....
....
....

4. a) Wie stand oder stehe ich persönlich zu meinem Vater?
....
....

b) Was bewunderte oder bewundere ich an ihm?
....
....

c) Welche Nachteile oder besonderen Probleme hatte oder hat er aus meiner Sicht?
....
....

Erster Schritt: Vision, Leitbild und Lebensziel

5. a) Wie stand oder stehe ich persönlich zu meiner Mutter?
....
....
....

b) Was bewunderte oder bewundere ich an ihr?
....
....

c) Welche Nachteile oder besonderen Probleme hatte oder hat sie aus meiner Sicht?
....
....

6. a) Wer von meinen Eltern war dominant und welchen Einfluss hatte das auf mein Leben?
....
....

b) Was ist mir davon besonders in Erinnerung?
....
....

7. a) Wie war meine Familie insgesamt? Harmonisch, disharmonisch? Gab es einen gewissen Zusammenhalt?
....
....

b) Beispiele von Harmonie:
....
....

c) Beispiele von Disharmonie:
....
....

8. a) Welchen Einfluss auf mein Leben hatten mein Heimatort und meine Heimatregion?
....
....
....

b) Was liebte ich daran? Was störte mich?
....
....

c) Welche Gründe gab es, um meine Heimatregion zu verlassen?
....
....

9. a) In welchem Glauben wurde ich erzogen und was bedeutet mir heute mein Glaube?
....
....
....

b) Welche besonderen Erinnerungen an Glauben und Religion haben bei mir dauerhaften Eindruck hinterlassen?
....
....
....

Erster Schritt: Vision, Leitbild und Lebensziel

10. Welche kulturellen Faktoren spielten bisher in meinem Leben eine Rolle? Wie groß ist mein Interesse für Musik und Kunst?

....
....
....

11. a) Welche Persönlichkeiten aus Wirtschaft, Politik, Kultur, Sport schätze ich besonders und warum (zum Beispiel wegen ihrer Leistung, Lebensart oder sonstiger Werte)?

....
....

b) Welchen Einfluss hatten oder haben diese Persönlichkeiten auf meine Entwicklung und Entscheidungen?

....
....

12. Habe ich so etwas wie einen »geistigen Mentor« oder eine innere Leitfigur, sodass ich mich manchmal frage: Wie würde sie oder er in meiner Situation entscheiden?

....
....

13. a) In Gesellschaft welcher Menschen (Freunde, Geschäftspartner, Kollegen, Vereins-/Verbandsmitglieder etc.) fühle ich mich wohl und ungezwungen? Welche Auswirkungen hat das auf mein privates und berufliches Leben?

....
....

b) In Gesellschaft welcher Menschen fühle ich mich unwohl und unfrei? Welche Auswirkungen hat das auf mein privates und berufliches Leben?

....
....

14. Wann und bei welchen Aufgaben oder Herausforderungen fühle ich mich wohl und bestätigt – oder sogar geradezu »stark«? Was habe ich dadurch erreicht?

....
....

15. Über welche besonderen *Kenntnisse* (Wissensgebiete), *Fertigkeiten* (praxisbezogene Tätigkeiten) und *Fähigkeiten* (Skills) verfüge ich?
Notieren Sie all Ihre Kenntnisse, Fertigkeiten und Fähigkeiten und bewerten Sie diese:
Bewertung (++ = sehr gut, + = gut, +/- = befriedigend) bitte ankreuzen!

	++	+	+/−
a)			
b)			
c)			
d)			
e)			
f)			
g)			
h)			

Erster Schritt: Vision, Leitbild und Lebensziel

i)			
j)			
k)			
l)			
m)			
n)			
o)			
p)			
q)			
r)			
s)			
t)			
u)			
v)			
w)			
x)			
y)			
z)			

16. Was waren bisher meine größten Erfolge? Was habe ich dadurch erreicht?

....
....
....
....
....

17. Wann und bei welchen Aufgaben oder Herausforderungen fühle ich mich unwohl oder »schwach«? Welche Misserfolge hatte ich dadurch?
....
....

18. Worin bestehen zurzeit im beruflichen Bereich für mich größere Probleme (mangelndes Können, Weiterbildung, Überlastung, Konkurrenz etc.)? Was kann ich dagegen tun?
....
....

19. Worin bestehen zurzeit im privaten Bereich für mich größere Probleme? Was kann ich dagegen tun?
a) Ehe und Partnerschaft:
....
....

b) Kinder:
....
....

c) Eltern, Verwandte, Freunde:
....
....

20. Wenn ich drei Wünsche frei hätte, würde ich mir Folgendes wünschen:
a) ....
b) ....
c) ....

Sind Ihnen einige Dinge klar geworden? Welche *Werte, Vorbilder und Einflüsse* haben Sie bislang geprägt? Was gefällt Ihnen momentan an Ihrem Leben? Was wollen Sie unbedingt verändern? Sind Sie Ihrer Lebensvision ein Stück näher gekommen?

Vielleicht hilft es Ihnen ja, wenn Sie sich einfach in Ihre Zukunft hineinträumen.

Visualisierung: Wunschtraum »Zukunft«

Für Ihren Zukunftstraum benötigen Sie ein großes Blatt Papier (je größer, desto besser), farbige Stifte, zehn Minuten Ruhe und eine CD mit Entspannungsmusik.

Ihre persönliche Lebenszukunft

Lehnen Sie sich entspannt zurück, schließen Sie Ihre Augen und stellen Sie sich vor, dass Sie in die Zukunft »gebeamt« werden.

Sie landen – von heute an gerechnet – genau in fünf Jahren. Welches Zukunftsdatum schreiben wir?

Heute in fünf Jahren:

_____

(genaues Datum!)

Was wird sich *»Heute in fünf Jahren«* alles verändert haben?

- Welcher *beruflichen* Tätigkeit werden Sie nachgehen? Wie wird Ihr *Arbeitsumfeld* aussehen? Womit werden Sie Ihren Lebensunterhalt verdienen? Welche *Leistungs-* oder *Qualitätsstandards* werden Sie in Ihrem Beruf dann erfüllen müssen oder wollen?
- Wie wird sich Ihre *familiäre Situation* gestalten? Wie sieht es mit Ihren *privaten Beziehungen* aus? Welche Menschen werden wichtig für Sie sein? Wer wird womöglich nicht mehr für Sie da sein?
- Welche neuen *Erfahrungen* werden Sie gemacht haben? Was werden Sie an *Wissen* dazugewonnen haben, zum Beispiel eine Fremdsprache, eine Sportart, ein Hobby?
- Welche *Prioritäten* werden wichtig für Sie sein? Welches *Lebensmotto* wird für Sie gelten? Werden Sie in fünf Jahren ein *persönliches Leitbild, Lebensziel* oder eine *Lebensvision* haben?

Visualisieren Sie Ihre Träume und Zukunftsvorstellungen – nehmen Sie farbige Stifte und malen Sie einfach drauflos. Denken Sie nicht: *»Das kann ich nicht!«* Das ist eine Einschränkung, die Sie sich nicht selbst auferlegen sollten.

Unterteilen Sie Ihr Blatt in *vier Quadranten* und verzieren Sie jede Ecke mit einem kleinen Szenario des jeweiligen Lebensbereiches. Sie müssen nicht gleich Picasso übertreffen, aber malen und visualisieren Sie – Ihr *Unterbewusstsein* denkt in Bildern! Wenn Sie malen, aktivieren Sie die Potenziale Ihrer rechten Hirnhälfte und erschließen sich so den Zugang zu Ihren tief im Inneren verborgenen Wünschen, Bedürfnissen und Zielen.

Beruf, Arbeit, Leistung	Familie, private Beziehungen
Lernen, Wissen, Erfahrungen	Lebens-Prioritäten, Lebensmotto

Ihre Vision können Sie nur in sich selbst finden.

Nur wenn Ihre Vision stimmig ist, wenn sich die einzelnen Bausteine zu einem harmonischen Ganzen zusammenfügen, wird sie Ihnen auch als Antriebsfeder zur Realisierung Ihrer Lebensziele dienen.

Der Schlüssel zum Himmel
In seiner Allmacht erschuf Gott die Welt aus sich selbst heraus. Ihm war langweilig geworden, und er wollte etwas zum Spielen haben. Die ersten Wesen, die er schuf, blieben jedoch nicht lange auf der Erde – ihnen gefiel es im Himmel einfach besser. Dies war aber ganz und gar nicht im Sinne Gottes. Er überlegte, ob er den Himmel abschließen und den Schlüssel verstecken sollte. Doch welches Versteck sollte er wählen? Vielleicht den höchsten aller Berge? Die Tiefen des Meeres? Oder doch besser den Mond? Gott schaute in die Zukunft und sah, dass der Mensch all diese Orte ergründen würde. Auf einmal aber wurde ihm klar, wo die Menschen den Himmelsschlüssel am wenigsten suchen würden: Lieber würden sie unter größten Strapazen den entferntesten Winkel des Universums erforschen, als den kurzen Weg in sich selbst hineinzugehen, um ihr eigenes inneres Sein zu ergründen. Seither bereitet es Gott himmlisches Vergnügen, die Menschen zu beobachten, wie sie rastlos nach Zufriedenheit, Erfolg und wahrem Glück suchen.
(Geschichte aus Indien)

Seien Sie einmal ehrlich: Auch Ihre Wünsche, Träume und Ziele sind nicht nur immaterieller, sondern auch *materieller* Natur. Das gibt keiner gerne zu, denn tief in unserem Inneren glauben wir, dass man sich entscheiden muss: entweder reich oder gesund, entweder erfolgreich im Beruf oder glücklich im Privatleben. Doch das ist nicht richtig. Man kann auch beides haben, und es ist nicht verwerflich, sich auch materielle Dinge zu wünschen.

Im Laufe unseres Lebens werden materielle Dinge allerdings immer unwichtiger; immaterielle Werte wie Beziehungen rücken mehr und mehr in den Mittelpunkt. Diesen Wertewandel »vom Haben zum Sein« machte der Psychoanalytiker und Philosoph *Erich Fromm* bereits 1976 in seinem berühmten Werk »Haben oder Sein« deutlich. Er unterscheidet zwei Arten der menschlichen Orientierung: die Orientierung am Haben und die Orientierung am Sein.

Nur dann, wenn wir uns vom *Haben* lösen und das *Sein* zum Angelpunkt unseres Denkens und Handelns machen (»Wohl-Sein«), wird ein sinnvolles Leben möglich. (Erich Fromm)

Vernunft, Liebe und produktives Tätigsein führen uns zur wahren Kunst des Lebens. Doch wir müssen auch den Mut für Veränderungen aufbringen und das Haben loslassen können. Nur so können wir schließlich sagen: »Ich bin, was ich bin.«

Stephen R. Covey spricht in »*Der Weg zum Wesentlichen*« von den vier »Ls«, auf die es im Leben ankommt: »To Live, to Love, to Learn, to Leave a Legacy« – leben, lieben, lernen und eine Legende oder ein Vermächtnis hinterlassen. Jeder dieser Punkte ist gleichermaßen wichtig für ein erfülltes Leben. Können wir einen davon nicht verwirklichen, geraten wir aus der Balance, und unsere Lebensqualität sinkt.

Haben – Bewirken – Sein – diese drei Dinge sollten zur Maxime unseres Lebens werden, denn diese Wunsch-Trilogie ist die Basis für ein erfülltes Leben in Balance.

Persönliche Wünsche: Was Sie gern »haben« möchten

»Wünsche sind Vorboten von Fähigkeiten.«
　　　　　　Johann Wolfgang von Goethe

Wir alle stecken voller unerfüllter Sehnsüchte und Wünsche. Sicher fällt es Ihnen leicht, Dinge zu nennen, die Sie *haben* möchten – Geld etwa, einen Sportwagen oder ein Haus am Meer. Ganz bestimmt wissen Sie auch, was Sie gerne *tun* würden – vielleicht eine Reise unternehmen, den Segelflugschein erwerben oder einen Kochkurs belegen?

Wunschlos glücklich? Das ist eben leider Fiktion, aber spielen Sie doch einmal *Wünsch dir was* wie in der Fernsehlotterie und unternehmen Sie eine Weltreise, die einfach keine Wünsche offen lässt. Auf der nächsten Seite können Sie Ihre Reiseroute, alle möglichen Transportmittel und ausgesuchte Mitbringsel für Ihre Lieben zu Hause bestimmen. Also, zögern Sie nicht, machen Sie sich auf zu Ihren Wunschzielen – viel Spaß!

Ihre traumhafte Weltreise

Stellen Sie sich vor, Sie dürfen eine Weltreise unternehmen, und das Beste daran: Zeit, Geld und Reiseroute spielen nicht die geringste Rolle!

- Welche *drei Zwischenstopps* wollen Sie bei Ihrer Reise um den Globus unbedingt einlegen?
  a) ....
  b) ....
  c) ....

- Welche *drei Transportmittel* wollen Sie benutzen?
  a) ....
  b) ....
  c) ....

- Welche *drei Mitbringsel* würden Sie von Ihren drei Orten als Erinnerung mitnehmen? Ob diese in Ihren Koffer passen, ist völlig unwichtig:
  a) ....
  b) ....
  c) ....

Wohin ging Ihre Wunsch-Reise? Hatten Sie den Mut, sich etwas außergewöhnlich Schönes zu wünschen? Reisten Sie in die Südsee und ließen sich von der unbeschwerten Lebensfreude der Menschen dort anstecken? Oder sind Sie mit dem Hundeschlitten quer durch Alaska gefahren?

Woran dachten Sie bei Ihrer Wunsch-Reise? Warum packen Sie nicht wirklich die Koffer? Und: Welche anderen Wünsche – materieller wie immaterieller Art – haben Sie noch?

Persönliche Wünsche: Was Sie gern »tun« oder »bewirken« möchten

»Es kommt nicht darauf an, was wir verdienen durch das, was wir tun. Es kommt darauf an, wer wir werden durch das, was wir tun.«
  Wolfgang Berger, Autor von Business Reframing

Sind Sie wohlbehalten von Ihrer Weltreise zurückgekommen? Dann sollten Sie sich nun der Frage widmen, was Sie in Ihrem Leben gerne bewirken oder erreichen möchten und welchen Wert das für andere haben könnte.

Ihr persönlicher Wunschzettel

Erstellen Sie zunächst eine Liste mit all den Dingen, die Sie gerne *haben* möchten und bei denen Sie das Gefühl haben, dass sie auch *wichtig* für Sie sind. Dies können *immaterielle Dinge* wie eine harmonische, glückliche Partnerschaft, aber auch *materielle Dinge* wie ein eigenes Haus oder ein nagelneues Auto sein.

....
....
....
....
....
....
....
....

Haben Sie Ihre Liste fertig? Markieren Sie nun Ihre *fünf wichtigsten Wünsche*.

Sie sollten sich jedoch nicht nur über Ihre Wünsche im Klaren sein, sondern auch wissen, was Sie in Ihrem Leben bewirken wollen, w*elchen Nutzen Sie stiften möchten.*

Neben den Dingen, die wir gerne für uns selbst haben und tun möchten, gibt es noch eine andere, höhere Ebene. *Gustav Großmann,* der geistige Vater vieler Arbeits- und Planungsmethoden und Pionier des Zeit- und Selbstmanagements in Deutschland, beschäftigte sich bereits in den 20er Jahren des letzten Jahrhunderts mit dieser sozialen Ebene, die er die Ebene des *Nutzenbietens für andere* nannte. Heute sind *Gustav Großmanns* Erkenntnisse aktueller denn je: Weltweit machen die Menschen die Erfahrung, aufeinander angewiesen zu sein, und zeigen eine beeindruckende Bereitschaft, sich gegenseitig zu unterstützen und ihre eigenen Interessen auch einmal in den Hintergrund zu stellen.

Möchten auch Sie etwas Sinnvolles tun, Ihren ganz persönlichen Beitrag leisten, um die Welt zu einem besseren Ort zu machen – für sich selbst, für andere, für die Gesellschaft oder die Menschheit? Dann sollten Sie sich einmal fragen: »*Wozu bin ich hier?*«

»Wozu bin ich hier?«

Denken Sie bitte nach und beantworten Sie auch die folgenden Fragen:

1. Wenn ich manchmal vor mich hinträume, was sehe ich mich da am liebsten tun?
   ....
   ....
   ....

2. Angenommen ich hätte Erfolg, egal was ich auch mache, was würde ich dann am liebsten tun?
   ....
   ....
   ....

3. Wenn Zeit und Geld keine Rolle spielten, was würde ich dann am liebsten tun?
   ....
   ....
   ....

4. Welche meiner beruflichen Tätigkeiten haben für andere den größten Nutzen?
   ....
   ....
   ....

5. Welche meiner privaten Betätigungen haben für andere den größten Nutzen?
   ....
   ....
   ....

Persönliches Vorbild: Was Sie gerne »sein« möchten

Haben auch Sie ein Vorbild? Gibt es einen Menschen, den Sie bewundern, dem Sie gerne nacheifern würden?

Vielleicht fällt Ihnen nicht auf Anhieb eine Person ein, die Sie als Ihr ganz persönliches Vorbild bezeichnen würden. Aber wenn Sie genauer nachdenken, werden Sie feststellen, dass es viele Menschen gibt, die Ihr Verhalten, Ihre Werte oder Ihren Lebensstil geprägt haben.

Wer ist Ihr oder wer sind Ihre *Vorbilder?* Die folgenden Fragen sollen Ihnen helfen, das herauszufinden.

Ihre persönlichen Vorbilder

Denken Sie bitte nach. Wer hat Ihr Leben bewusst oder unbewusst positiv beeinflusst. Ihre Mutter? Ihr Vater? Ihr Chef? Ein Arbeitskollege? Ein Freund? Natürlich können Ihre Vorbilder auch Personen des öffentlichen Lebens sein, beispielsweise Nobelpreisträger oder Sportler.

1. Wer hat Ihr Leben besonders positiv beeinflusst?
   ....
   ....
   ....

2. Welche Eigenschaften, Begabungen oder Fähigkeiten bewundern Sie an dieser/n Person/en am meisten?
   ....
   ....
   ....

3. Welche Eigenschaften dieser Person/en haben Sie übernommen oder würden Sie gerne besitzen?
   ....
   ....
   ....

4. Wenn Sie sich an dieser/n Person/en ein Beispiel nehmen, worin möchten Sie dieser/n Person/en nacheifern, um das Leben anderer ein bisschen besser zu machen?
   ....
   ....
   ....

Leitbild-Entwurf verfassen

»Visionen sind Strategien des Handelns, das unterscheidet sie von Utopien. Zur Vision gehören Mut, Kraft und die Bereitschaft, sie zu verwirklichen.«

*Bundespräsident Roman Herzog
in seiner Berlin-Rede, April 1997*

Fragt man Menschen danach, was sie sich wünschen und was ihnen in ihrem Leben wichtig ist, erhält man häufig Antworten wie Erfolg, Gesundheit, Liebe, Glück oder ein langes Leben. Ganz gewiss sind dies erstrebenswerte Ziele, doch solange man sie nicht mit konkreten Inhalten füllt, bleiben sie nichts als *vage Worthülsen*.

Damit unsere Wünsche, Träume und Ziele nicht länger Fiktion bleiben, müssen wir unsere ganz persönliche *Lebensvision* entwickeln, denn Visionen sind mentale Kraftzentren und motivierende Richtungsweiser. Sie wirken wie innere Stimmen, die uns leiten, unseren eigenen Lebensweg zu finden und zu gehen.

Im Alltag können Visionen nicht nur Orientierungspunkte sein, sondern gleichsam ein Fixstern im Dunkeln, der uns die Richtung zeigt und uns ermutigt, auch in schwierigen Situationen unseren Weg zu gehen.

Es ist nicht leicht, eine Lebensvision zu entwickeln, geschweige denn in Worte zu fassen. Die folgenden Fragen sollen Ihnen diese schwierige Aufgabe ein wenig erleichtern:

Erster Schritt: Vision, Leitbild und Lebensziel

Ihre Leitbilder und Visionen: Sieben Leitfragen

1. Was bewundere ich bei anderen am meisten?
   ....
   ....

2. Welche Menschen aus meinem Umfeld sind glücklich und warum?
   ....
   ....

3. Was würde ich am liebsten tun, wenn ich machen könnte, was auch immer ich will?
   ....
   ....

4. Warum würde ich das tun?
   ....
   ....

5. Was waren die glücklichsten, erfolgreichsten oder erfülltesten Momente in meinem Leben?
   ....
   ....

6. Welche Dinge, die für andere gut und wichtig sind, kann ich am besten?
   ....
   ....

7. Was sollte ich noch unbedingt in meinem Leben tun?
   ....
   ....

Haben Sie nun eine ungefähre Vorstellung von Ihrer Lebensvision, Ihrem Leitbild, Ihrem Lebensziel? Dann sollten Sie jetzt anfangen, einen *ersten Entwurf* Ihres Lebensdrehbuches zu erstellen. Bitte beachten Sie dabei die folgenden drei Hinweise:

- Beschreiben Sie Ihr Leitbild *real*, das heißt konkret und so, wie die Zukunft aussehen wird, wenn Sie das Erwünschte erreicht haben. Benutzen Sie keinen Konjunktiv, der nur ausdrückt, wie es eventuell sein könnte, wenn Sie es ein bisschen versucht hätten. Denn Ihr Unterbewusstsein denkt einfach, ohne Umwege und in klaren Bildern, nicht in fiktiven Annahmen. Wenn Sie also Ihre Vorstellungen lediglich auf abstrakte Eventualitäten ausrichten, programmieren Sie Ihr gesamtes Denken und Handeln nur darauf, wie es zwar vielleicht sein könnte, aber doch *nie sein wird!*
- Wenn Sie vor einem leeren Blatt sitzen und überhaupt nicht wissen, wo und wie Sie anfangen sollen, dann beginnen Sie mit folgenden drei Worten und schreiben Sie einfach weiter: »*Ich bin ein/eine ...*«
- *Einfach anfangen* – in dieser Aufforderung steckt eine doppelte Botschaft:
Einfach anfangen heißt, keine umfangreiche Doktorarbeit zu erstellen, sondern nach der »*KISS«-Formel* »Keep It Sweet and Simple« zu verfahren. Einfach anfangen bedeutet aber auch, *sofort loszulegen.*

Haben Sie trotz aller Tipps immer noch Schwierigkeiten, einen Anfang für Ihr Lebensdrehbuch zu finden? Dann empfiehlt sich die höchst wirksame *Fünf-Minuten-Schreib-Methode*:

Fünf Minuten schreiben
Setzen Sie sich einfach hin und beginnen Sie, fünf Minuten lang am Stück zu schreiben, ohne den Stift auch nur einmal abzuset-

zen! Wenn Sie glauben, nichts mehr zu Papier bringen zu können, legen Sie den Stift nicht weg. Verharren Sie in Schreibhaltung, bis Ihnen wieder etwas einfällt. Machen Sie sich keine Gedanken über das Geschriebene, sondern schreiben Sie, schreiben Sie, schreiben Sie!

Zugegeben, die Fünf-Minuten-Schreib-Methode ist ungewöhnlich, aber es ist erstaunlich, welche Resultate man damit erzielen kann.

Natürlich gibt es keine Mustervorlagen für Leitbilder, Lebensvisionen oder Lebensziele. *Jeder Mensch ist anders,* und jeder muss sein eigenes Leben und seine eigene Bestimmung ergründen. Dennoch kann es bei der eigenen Sinnfindung hilfreich sein, einmal einen Blick auf das Leitbild eines anderen zu werfen.

»Wenn das Leben keine Vision hat,
nach der man strebt,
nach der man sich sehnt,
die man verwirklichen möchte,
dann gibt es auch kein Motiv,
sich anzustrengen.«
    Erich Fromm

Beispiel 1
Persönliche Lebensvision eines Versandhandelsunternehmers
»Ich bin ein Mensch mit eigenen Gedanken, Gefühlen, Wünschen, mit starken und weniger starken Charaktereigenschaften, die mir meine Lebensziele vorgeben.

Im familiären Bereich ist mir wichtig, meinen Kindern Vorbild zu sein und ihnen mit Liebe den rechten Weg in einer sozial harten und doch lebenswerten Gesellschaft zu zeigen. Ich bin in jeder Lebenslage, ob Höhe oder Tiefe, zur Stelle, um unvermeidliche Berg-und-Tal-Fahrten gemeinsam zu meistern. Mein Ziel ist es, meinen Kindern eine gute Ausbildung zu ermöglichen.

Für meine Partnerin bin ich stets da und versuche, verständnisvoll auf ihre Wünsche und Bedürfnisse einzugehen, ohne erst durch Dritte darauf aufmerksam gemacht werden zu müssen.

Mein glückliches Privatleben wirkt sich positiv auf meine berufliche Tätigkeit aus, die ich mit großer Begeisterung ausübe. Ich versuche, meine Begeisterung auf meine Mitarbeiter zu übertragen, nur so können wir erfolgreich arbeiten. Wenn wir Erfolg haben, sind alle zufrieden – ich selbst bekomme dadurch Anerkennung, Lob und die wohl unverzichtbare Zufriedenheit, die mich zu weiteren Innovationen und Aktivitäten anregt.

Bin ich privat glücklich und beruflich erfolgreich, dann geht mir alles leicht von der Hand, und berufliche wie private Ziele können wie von selbst erreicht werden.«

Beispiel 2
Persönliche Lebensvision eines Verkaufsberaters in der Automobilindustrie

»Ich habe mit meiner Frau eine glückliche Beziehung, die auf Liebe, Vertrauen und gegenseitigem Respekt aufgebaut ist. Unsere Kinder empfinden ihre Eltern als Beschützer und Helfer, aber auch als Freunde und Spielgefährten.

Gemeinsam mit meiner Frau betreibe ich eine gut gehende Unternehmensberatung, in der wir eine klare Rollenverteilung haben: Während ich die kaufmännische Beratung meiner Partner übernehme, gibt meine Frau Seminare in den Bereichen Mitarbeiterführung und Motivation.

Unsere Kunden kommen gerne zu uns, da sie uns vertrauen und das Gefühl haben, dass wir kompetent sind.

In unserem Freundeskreis sind wir regelmäßig in einer kleinen Gruppe von Leuten eingebunden, die wie wir ein Interesse an echten Beziehungen und nicht nur an oberflächlichen Bekanntschaften haben.

Durch dieses Zusammenspiel von beruflichen und privaten Gemeinsamkeiten führe ich ein harmonisches, unabhängiges Leben, das mich erfüllt.«

Haben Sie die beiden Lebensvisionen aufmerksam gelesen? Dann ist Ihnen sicher aufgefallen, wie wichtig hier *immaterielle Werte* sind. Das ist umso interessanter, weil zu Beginn der Visionsfindung meist materielle Dinge dominieren. Doch spätestens bei der niedergeschriebenen Version des Lebensleitbildes rücken immaterielle Dinge in den Mittelpunkt, denn ein Leitbild, eine Vision muss *Sinn vermitteln*.

Wenn Sie nun einen ersten schriftlichen Entwurf Ihrer Lebensvision vorliegen haben, sollten Sie damit beginnen, Ihre Vision in Ihre *langfristige Lebensplanung* zu integrieren.

Persönliche Lebensplanung

»Ich fragte mich, ob es der Sinn des Lebens ist, um fünf Uhr früh aufzustehen und abends um sieben Uhr nach Hause zu kommen, obwohl mir die Arbeit keinen Spaß mehr macht.«

Horst Tappert, Schauspieler und ›Oberinspektor a. D.‹, in Focus *über seinen Ausstieg bei* Derrick

Die schönste Vision hat keinen Sinn, wenn man sie nicht in die Tat umsetzen kann. Um seine Träume, Wünsche und Ziele zu realisieren, ist es allerdings nötig, sein Leben zu planen. Natürlich müssen Sie die nächsten Jahre nicht bis ins kleinste Detail verplanen – das kann niemand. Doch eine grobe Lebensplanung für die nächsten 15 bis 20 Jahre wird Ihnen sicherlich helfen, Ihre Vision zu verwirklichen.

Die Klostertür

Ein junger Mann war zu Gast in einem Kloster. Bis spät in die Nacht hatte er mit einem der Mönche über seine Zukunft gesprochen und bei ihm Hilfe und Orientierung gesucht. Nach Beendigung des Gesprächs traten die beiden auf den langen, dunklen Flur, an dem die Türen zu den Zellen der Mönche lagen.

Der Mönch zeigte mit seiner rechten Hand in Richtung des Flurs und bemerkte dabei: »Dein Leben ist ebenso wie dieser lange Flur mit den vielen Türen. Nur an einer Tür kannst du stehen bleiben und eintreten. Überlege dir wohl, mein junger Freund, welche Tür du wählst.«

Tempo! Tempo!
Es war einmal ein Junge, dem ging nichts schnell genug. Während er noch seine Suppe löffelte, verlangte er schon nach dem Pudding. Kaum war die Sonne untergegangen, wollte er den Mond sehen. Am ersten Schultag fragte er nach den Ferien, und an Weihnachten freute er sich schon auf Ostern.

Von Büchern las er immer nur die letzte Seite, und weil er schneller sprach, als er denken konnte, hielten selbst seine Eltern ihn für einen Stotterer. In seiner Hast setzte er seine Füße so ungeschickt voreinander, dass er ständig stolperte. Und natürlich wünschte er sich nichts sehnlicher, als endlich erwachsen zu sein.

Da besuchte ihn eines Nachts im Traum ein Zauberer und sagte: »Ich mache dich erwachsen und schenke dir drei Wünsche obendrein, wenn du mir dafür fünfzig Jahre deines Lebens gibst.«

Der Junge zögerte nicht einen Augenblick und sagte: »Reich will ich werden, mächtig und auch berühmt.« Und so geschah es.

Doch als der reiche Mann in den Spiegel sah, da war er alt.
Und als der mächtige Mann in den Spiegel sah, da war er einsam.

Und als der berühmte Mann in den Spiegel sah, da war seine Stirn voller Sorgenfalten.

Da erschrak er und rief verzweifelt nach seiner Mutter. Die Mutter trat an sein Bett und legte ihre Hand auf seine Stirn. Und der Junge wurde wach und sagte langsam und deutlich:

»Muss ich schon aufstehen oder habe ich noch Zeit?«

Quelle: Hans Stempel und Martin Ripkens, aus:
Der Lesefuchs, hrsg. von K. Lindner, Stuttgart: Klett, 1990

Meine Lebensplanung bis zum ___ Lebensjahr
(Zeitraum 15–20 Jahre)

1. Was will ich in einem bestimmten *Alter*, mit etwa ___ Jahren, erreicht haben?

   ....
   ....

2. Welche *Wünsche* möchte ich mir erfüllt haben?
   a) Einkommen, Besitz, Wohlstand?

   ....
   ....

   b) Anerkennung, Selbstverwirklichung?

   ....
   ....

   c) Erfahrungen, Erlebnisse?

   ....
   ....

   d) Familie, Hobbys, Privates?

   ....
   ....

Erster Schritt: Vision, Leitbild und Lebensziel **123**

3. Welches *Image* hätte ich gern:
   a) während dieser Zeit?
   ....
   ....

   b) nach dieser Zeit?
   ....
   ....

   c) im Vergleich mit bekannten Personen?
   ....
   ....

   d) Was sollen die Menschen von mir sagen, wenn ich einmal nicht mehr bin?
   ....
   ....

4. Welche *Leistungen* muss ich erbringen, um meine Ziele und Wünsche zu verwirklichen?
   ....
   ....

5. Welchen *Nutzen* haben andere von meinen Leistungen?
   ....
   ....

6. Welche *Bedeutung* erreiche ich dadurch:
   a) für mich persönlich?
   ....
   ....

b) für meinen Arbeitgeber oder mein Unternehmen?
....
....

c) für meine Kollegen?
....
....

d) für meine Kunden?
....
....

7. Welche *Auswirkungen* hat das oben Beschriebene auf mein Leben:
....
....

a) in sieben Jahren?
....
....

b) in 20 Jahren?
....
....

d) in 50 Jahren?
....
....

Damit Sie sich bei der Umsetzung Ihrer Lebensvision nicht verzetteln, ist es unverzichtbar, dass Sie sich auf die wirklich wichtigen Dinge konzentrieren. Das Konzept der *Lebenshüte* und *Lebensrollen* im nächsten Kapitel wird Ihnen helfen, unnötigen Ballast abzuwerfen, denn nur so kann Ihre Lebensvision auch wahr werden.

Zweiter Schritt:
Lebenshüte oder Lebensrollen festlegen

»Die Zukunft kann man am besten voraussagen,
wenn man sie selbst gestaltet.«
Alan Kay, amerikanischer Erfolgslehrer

Erfolgspyramide zur Effektivität

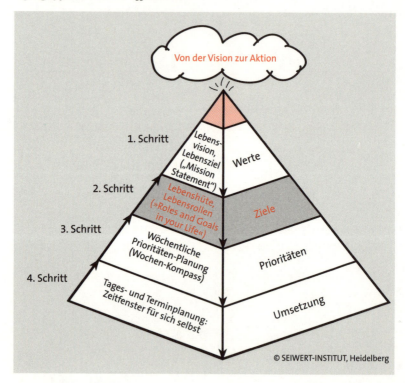

Das Konzept der Lebenshüte

Haben Sie schon einmal darüber nachgedacht, wie viele verschiedene Rollen Sie in Ihrem Leben ausfüllen? Stellen Sie sich vor, Sie tragen jede dieser Rollen als Hut auf Ihrem Kopf. Kann es sein, dass Sie ein regelrechter Hut-Fetischist sind? (Mehr zum Rollen-Konzept erfahren Sie auch bei *Stephen R. Covey, Die sieben Wege zur Effektivität* und *Der Weg zum Wesentlichen*.)

- In Ihrem *Beruf* haben Sie mehrere Hüte zugleich auf, zum Beispiel als Verkaufsleiter, Führungskraft, strategischer Vordenker, Mitarbeiter, Referent oder Arbeitskreismitglied.
- In Ihrem *Privatleben* tragen Sie ebenfalls mehrere Hüte, etwa als Ehemann/-frau, Partner/in, Vater/Mutter, Freund/in, Vereinsmitglied, Hobby-Koch, Vermieter, Nachbar oder Nachhilfelehrer.

Günter Gerlach fühlt sich trotz konsequenter Führung eines Zeitplanbuches ständig überlastet und gehetzt. Die Betrachtung der Hüte, die er mit sich herumträgt, ergibt folgendes Bild:
   Beruflich ist er als Gebietsverkaufsleiter für einen großen Reifenhersteller tätig. Im Rahmen dieser Tätigkeit ist er Führungskraft (ihm sind fünf Bezirksleiter unterstellt), Projektleiter »ISO-Zertifizierung«, TQM-Beauftragter (wurde ihm von der Geschäftsleitung in einer Sitzung aufs Auge gedrückt), Mitglied im Prüfungsausschuss für die Ausbilder-Eignung bei der örtlichen IHK (einer

musste es ja machen) und Vorstand im örtlichen Marketingclub (wichtig für neue Kontakte). Bei den nächsten Wahlen von betrieblichen Interessenvertretern will Günter Gerlach zudem für die Union Leitender Angestellter kandidieren.

Privat ist Günter Gerlach Ehemann und stolzer Vater zweier Töchter und darum auch zweiter Vorsitzender des Elternbeirates. Zudem ist er Schatzmeister im Heimatverein. Wenn er einmal Zeit hat, was relativ selten vorkommt, geht er gerne auf den Golfplatz, um sein Handicap zu verbessern. Bei der letzten Eigentümerversammlung einer familieneigenen Immobilie ließ sich Gerlach (nach mehreren letztlich erfolgreichen Überredungsversuchen einiger Miteigentümer) in den Beirat wählen. Und der Ortsvorsitzende einer liberalen Partei versucht noch immer, Gerlach als Kandidaten für die nächste Kommunalwahl zu gewinnen.

Kommt Ihnen das alles irgendwie bekannt vor? Sicherlich ist Ihnen etwas Entscheidendes aufgefallen: Der Hauptgrund, warum viele mit ihrer Zeit Schwierigkeiten haben und mit überhöhter Drehzahl durchs Leben jagen, liegt darin, dass sie »auf zu vielen Hochzeiten tanzen« und sich mit zu vielen Dingen auf einmal beschäftigen.

Die wirklichen Zeitprobleme im Leben entstehen, wenn wir zu viele Hüte oder Rollen gleichzeitig ausfüllen wollen.

Berufs- und Privatleben geraten völlig aus dem *Gleichgewicht.* Viele von uns lassen sich von ihren beruflichen Aktivitäten so sehr vereinnahmen, dass Gesundheit, Familie, private Beziehungen, kulturelle Interessen und Hobbys völlig auf der Strecke bleiben.

»Wer bedauert auf dem Sterbebett, dass er
nicht mehr Zeit im Büro verbracht hat?«
Stephen R. Covey

Doch nach und nach vollzieht sich in unserer Gesellschaft der schon erwähnte entscheidende Wertewandel: Während man früher erwartete, dass Zeitmanagement einem dabei hilft, seine Arbeitszeit optimal einzuteilen, effizienter zu werden und in weniger Zeit wesentlich mehr zu erledigen, nutzen wir Zeitmanagement heute als Mittel, um mehr *Zeitqualität* zu schaffen, um mehr Zeit für uns selbst zu haben, für die Familie, für Hobbys, für Kreativität, für Freizeit oder auch einfach nur für das Nichtstun ...

Eigene Lebenshüte definieren

Wie *Günter Gerlach* tragen wir alle mehrere *Hüte* zugleich auf unserem Kopf und übernehmen verschiedene *Rollen* – nicht wie im Theater, sondern ganz konkret, im Beruf, in der Familie oder in der Gesellschaft. Manche dieser Rollen haben wir uns selbst ausgesucht, viele wurden uns von anderen aufgebürdet und einige Rollen müssen wir einfach ausfüllen.

Doch können wir tatsächlich all diesen Rollen gerecht werden? Um mehr Zeitqualität zu erlangen, ist es nötig, unser Engagement in bestimmten Bereichen zu reduzieren und die eine oder andere Rolle ganz bewusst abzulegen. Die Kunst liegt auch hier in der Beschränkung auf das Wesentliche: *Weniger ist einfach mehr!*

Um den wirklich wichtigen Dingen in Ihrem Leben genügend Raum zu geben, ist es unerlässlich, dass Sie Ihre *(Neben-)Rollen drastisch reduzieren.* Das fällt Ihnen sicherlich nicht leicht, doch hierzu gibt es keine Alternative: *Sie können sich nicht um alles kümmern,* und Sie müssen auch nicht Hansdampf in allen Gassen sein – erst recht nicht, wenn Sie ohnehin immer zu wenig Zeit haben!

Ihre Lebenshüte und Lebensrollen

1. Denken Sie einmal nach, wie viele Lebenshüte Sie tragen, wie viele Rollen Sie tatsächlich ausfüllen.
Welche dieser Rollen und Hüte sind wirklich wichtig für Sie? Bedenken Sie in diesem Zusammenhang auch:

- Wer ist *von mir* abhängig?
- Von wem bin *ich* abhängig?

Tragen Sie all Ihre Lebenshüte und Lebensrollen in die unten stehenden Kästchen ein. Bitte reservieren Sie für jede Rolle ein eigenes Kästchen:

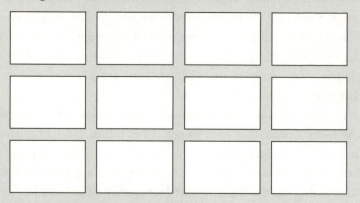

2. *Bewerten* Sie Ihre Hüte und Rollen mit »Smileys«. Sind die Hüte für Sie eher

- mit angenehmen Gefühlen = ☺,
- gleichgültigen Gefühlen = 😐,
- oder mit unangenehmen Gefühlen = ☹

verbunden? Richten Sie Ihr Hauptaugenmerk vor allem auf unangenehme und unwichtige Rollen, die nur viel Zeit kosten und Sie nicht im Geringsten weiterbringen. Fragen Sie sich, ob es nicht besser ist, diese *»alten Hüte«* abzulegen.

3. Stapeln sich auch auf Ihrem Kopf die Hüte? Es hilft nichts, Sie müssen Ihre Lebenshüte reduzieren – auf *maximal sieben*. Mehr ist einfach nicht machbar. Im Zweifelsfall sollten Sie sich fragen:

- Will ich diese Rolle, diesen Lebenshut wirklich?
- Habe ich mich bewusst für diese Rolle entschieden oder wurde mir dieser Hut einfach von anderen aufgesetzt?
- Was passiert, wenn ich auf diese Rolle verzichten und ganz einfach loslassen würde?

Natürlich können Sie auch versuchen, *mehrere Rollen zusammenzufassen,* zum Beispiel familiäre Verpflichtungen als Sohn oder Tochter, Enkel, Cousin, Onkel, Tante zu *einer* Rolle »Verwandtschaft«. Belügen Sie sich dabei aber nicht selbst, sondern fassen Sie nur Dinge zusammen, die Sie wirklich unter einen Hut bringen können.

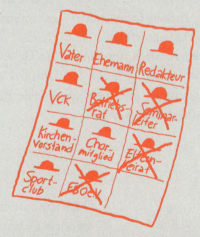

4. Haben Sie es geschafft, sich tatsächlich auf sieben Hüte zu beschränken? Dann tragen Sie Ihre Lebenshüte bitte in folgende Grafik ein:

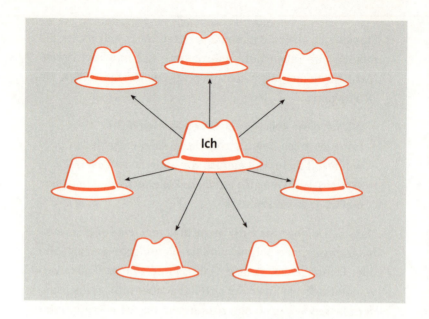

Nur die konsequente Konzentration auf das Wesentliche – bei beruflichen wie privaten Lebenshüten – garantiert Erfüllung, Ausgewogenheit und Lebenserfolg.

Leider ist der Mensch nun einmal ein Gewohnheitstier. Vielen fällt es äußerst schwer, sich von langjährigen Verpflichtungen zu lösen und unwichtige, aber lieb gewonnene Rituale aufzugeben. Doch jeder Ballonfahrer weiß:

Wer weiter nach oben will,
muss Ballast abwerfen.

Oder wie eine chinesische Lebensweisheit es formuliert: »*Nur wer loslässt, hat zwei Hände frei.*«
Natürlich gibt es Hüte und Rollen, die wir auf gar keinen Fall ablegen können und sollen:

- Wer Kinder hat, füllt selbstverständlich eine *Elternrolle* aus.
- Wer in einer Beziehung lebt, hat einen Hut als *Ehe-* oder *Lebenspartner* auf.
- Wer einen Beruf ausübt, muss Verantwortung für seine *beruflichen Aufgaben* übernehmen.
- Wer Mitarbeiter hat, übernimmt automatisch eine *Führungsrolle*.
- Wer einem *Hobby* nachgeht, hat auch hierfür einen entsprechenden Hut auf.
- Wer gerade beruflich oder privat ein größeres Projekt zu bewältigen hat, hat einen *Hut auf Zeit* auf, beispielsweise als Häuslebauer, Abendabiturient oder Projektleiter.

Diese »*automatischen*« Hüte stehen nicht zur Disposition. Doch daneben füllt jeder von uns viele weitere Rollen aus, auf die er gut und gerne verzichten könnte: So übernehmen viele Menschen Rollen, die ihnen nicht den geringsten Spaß machen, einfach nur aus Pflichtbewusstsein. Wie Packesel lassen sie sich von anderen immer mehr aufladen und sind so gezwungen, immer mehr Zeit in Dinge zu investieren, die ihnen absolut nicht wichtig sind. Diese ungeliebten und vor allem völlig *unwichtigen Neben-Rollen,* in denen wir uns so leicht verlieren, *gilt es konsequent zu reduzieren.*

Viele wollen auch einfach zu viel – und haben nicht die Zeit, all ihren Möchtegern-Aktivitäten nachzukommen. Versucht man es trotzdem, führt man ein Leben auf der Überholspur: Hektik und Stress bestimmen den Alltag, das Leben gerät völlig außer Balance, und von persönlicher Lebensqualität kann keine Rede mehr sein.

Allerdings genügt es nicht, unwichtige, überflüssige oder unangenehme Hüte oder Rollen abzulegen, man muss auch sicherstellen, dass man sich nicht zu sehr von einer bestimmten Rolle *vereinnahmen* lässt. Auch dabei kann Ihnen das Konzept der

Lebenshüte eine große Hilfe sein, denn es durchbricht die Trennung zwischen beruflichem und privatem Bereich. Wenn Sie es konsequent umsetzen, wird es Ihnen gelingen, dass diese beiden Bereiche eine Einheit bilden – ein wichtiger Schritt für ein *erfolgreiches und erfülltes Leben in Balance.*

Mini-Leitbilder verfassen

Zunächst sind Lebenshüte leere Gefäße oder Worthülsen, die mit Inhalt gefüllt werden müssen. Dabei können Ihnen *Mini-Leitbilder* weiterhelfen. Sie geben Ihnen konkrete Orientierung im Alltag und dienen als praktisches Werkzeug, die jeweils richtigen Prioritäten zu setzen und auch zu leben.

Zunächst stellt sich aber die Frage, wie Sie selbst einen bestimmten Hut oder eine bestimmte Rolle sehen. Verstehen Sie sich zum Beispiel im Hinblick auf Ihre Mitarbeiter eher als Vorgesetzter und Chef oder als Vorbild, Teamleiter, Motivator, Visionär und Coach?

Zum anderen sollten Sie genau überlegen, was es *konkret* heißt, ein »guter« Chef, eine »gute« Führungskraft oder ein »guter« Teamleiter zu sein. Folgende Geschichte soll Ihnen dazu erste Anregungen geben:

Ein Meinungsforscher befragte drei Arbeiter in einem Steinbruch, die alle damit beschäftigt waren, Steine zu klopfen, warum sie diesen harten Job überhaupt machten:

- Der Erste antwortete, stupide und lustlos auf einen Stein klopfend: »*Ich verdiene damit meinen Lebensunterhalt.*«
- Der Zweite antwortete, relativ motiviert und kräftig einen Stein klopfend: »*Ich bin der beste Maurer hier.*«
- Der Dritte antwortete, vollauf begeistert und schwungvoll seinen Stein weiterklopfend: »*Ich helfe mit, eine Kathedrale zu bauen.*«

Zweiter Schritt: Lebenshüte oder Lebensrollen

Während der erste Maurer seine Arbeit nur als lästige Pflicht und große Belastung empfindet und stündlich den Feierabend herbeisehnt, ist der zweite Maurer ein typischer Spezialist, der nicht nach dem Warum fragt. Der Dritte jedoch fragt sich, *wozu* er das, was er tut, überhaupt macht, *wem* das etwas nützt und *was* er tun muss, damit es jemandem nützt. Er hat bei seinem Tun ein Bild vor Augen, eine *Vision*.

Haben auch Sie sich schon einmal gefragt, wie Ihr Beitrag – beruflich wie persönlich – zum Ganzen aussieht oder ab heute aussehen soll?

»Ihr 88. Geburtstag«

Stellen Sie sich vor, heute ist Ihr 88. Geburtstag. Lassen Sie verschiedene Menschen als Gratulanten vor Ihrem geistigen Auge erscheinen. Diese Menschen symbolisieren die Lebenshüte, die Sie momentan mit sich herumtragen:

- Ihr Chef oder Ihr wichtigster Kunde stehen für Ihre *berufliche Hauptaufgabe*,
- ein/e Mitarbeiter/in steht für Ihren *Führungshut*,
- Ihr Ehe- oder Lebenspartner steht für Ihren *Partnerhut*,
- Ihr Sohn oder Ihre Tochter steht für Ihre *Elternrolle*.

Nehmen wir an, dass Sie diese Hüte und Rollen engagiert, positiv und bis zu Ihrer Leistungsgrenze ausgefüllt haben – was würden diese Personen im Sinne einer kleinen Laudatio wohl über Sie sagen?

1. An welche Ihrer Charaktereigenschaften wird man sich besonders gerne erinnern?
   ....
   ....
   ....
   ....
   ....

2. Welche Impulse sind von Ihnen ausgegangen?
   ....
   ....
   ....
   ....
   ....

3. Welche Ihrer Leistungen werden den anderen noch lange in Erinnerung bleiben?
   ....
   ....
   ....
   ....
   ....

4. Was haben Sie dazu beigetragen, um das Leben der anderen ein wenig »besser« zu machen?
   ....
   ....
   ....
   ....
   ....

Beispiel

Was sagen Ihre Geburtstagsgäste über Sie? Vielleicht inspiriert Sie das folgende Beispiel:

Lebenshut	Bezugsperson	Laudatio
Freund	Musterfreund	Sie/er ist immer sofort zur Stelle, wenn irgendwo Hilfe und Unterstützung gebraucht werden.
Partner	Musterpartner	Meine Frau/mein Mann ist für mich im wahrsten Sinne meine bessere Hälfte – unsere Partnerschaft basiert auf gegenseitigem Respekt und Vertrauen.

Aufgabe

Bitte füllen Sie in den nachstehenden Kästchen – entsprechend dem Beispiel – Ihre Lebenshüte mit Inhalt. Formulieren Sie für jeden Hut eine Laudatio als kleines Leitbild für jede Ihrer Lebensrollen.

Lebenshut	Bezugsperson	Laudatio
	....	....
		....
		....
		....

Lebenshut	Bezugsperson	Laudatio
🎩	....	....
🎩	....	....
🎩	....	....
🎩	....	....
🎩	....	....
🎩	....	....

Zweiter Schritt: Lebenshüte oder Lebensrollen

Diese Übung macht Ihnen die Bedeutung Ihrer Lebenshüte bewusst und hilft Ihnen, *konkrete Formulierungen* für ein werteorientiertes Leitbild zu finden. So können Sie sich noch konsequenter auf die wichtigen Dinge in Ihrem Leben konzentrieren.

Nehmen Sie jetzt die fiktiven Lobreden Ihrer Bezugspersonen, um die Mini-Leitbilder für jeden einzelnen Lebenshut zu konkretisieren.

Mit dieser Methode gelingt es Ihnen, Ihrer *Lebensvision Gestalt zu verleihen* und sie in Ihren Alltag zu integrieren.

Mini-Leitbilder für meine Lebenshüte/-rollen

Dritter Schritt:
Prioritäten wöchentlich effektiv planen

»Wenn es ein ›Geheimnis‹ der Effektivität gibt, so heißt es Konzentration«
                    Peter F. Drucker

Erfolgspyramide zur Effektivität

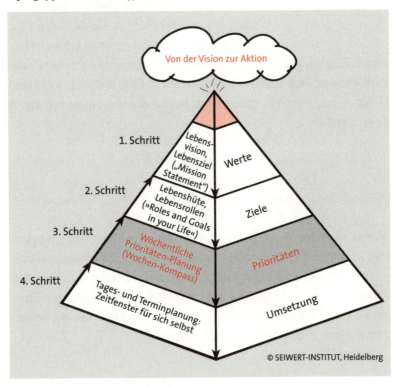

Es ist ein Trugschluss zu glauben, wir könnten unsere Zeit managen. Der Begriff »Zeitmanagement« wird im täglichen Sprachgebrauch zwar häufig verwendet, trifft aber vom Wortsinn her überhaupt nicht zu. *Zeit verrinnt* im Sekunden-, Minuten- oder Stundentakt, ob wir nun wollen oder nicht.

Allerdings haben wir Einfluss auf unsere innere *Einstellung* zur Zeit. Und: Es liegt hauptsächlich an uns selbst, ob wir gestresst oder gelassen, spontan oder geplant, chaotisch oder diszipliniert mit unserer Zeit umgehen.

Jeder von uns hat sicherlich Probleme damit, seine Zeit auch wirklich zu beherrschen und sinnvoll zu nutzen. Allzu oft werden wir zu Sklaven der Uhr.

Doch eigentlich ist es gar nicht so schwer, Herr seiner Zeit zu werden: Der Schlüssel zu einem erfolgreichen Zeitmanagement liegt in der Konzentration auf die wirklich wichtigen Dinge – nur, wer *Prioritäten* setzt, kann selbstbestimmt mit seiner Zeit umgehen.

Im Grunde genommen haben wir keine Zeitprobleme, sondern Probleme, uns auf die wirklich wichtigen Dinge zu konzentrieren: Erfolgreiches Zeitmanagement ist konsequentes Prioritäten-Management.

Wer es versteht, Prioritäten zu setzen, hat seine Zeit einfach besser im Griff. Das Grundproblem in Sachen Zeit- und Lebensmanagement liegt darin, dass sich viele Benutzer von Zeitplanbüchern und Anwender von Erfolgsmethoden von den *kurzfristigen,* unmittelbaren Ereignissen ihres Arbeitsalltages überrollen lassen, anstatt sich auf das *Wesentliche* zu konzentrieren.

Wichtig oder dringlich?

Viele Menschen haben den festen Willen, ihre *wichtigen* langfristigen Ziele, Wünsche und Visionen auch Wirklichkeit werden zu lassen. Doch irgendwie bleiben die großen persönlichen »*Leuchttürme*« und Leitbilder früher oder später dann doch auf der Strecke und rücken in weite Ferne: Das Tagesgeschehen wird mehr und mehr von *dringlichen,* aber relativ unwichtigen Dingen beherrscht.

Wer kennt das nicht? Von morgens früh bis abends spät ist man ganz und gar in einen stressigen Arbeitsalltag eingebunden, am Ende des Tages ist man dann fix und fertig und fragt sich: »Habe ich heute etwas wirklich Wichtiges geschafft oder bewegt? Bin ich meinen Zielen ein Stückchen näher gekommen? Was habe ich heute ganz konkret für die Erfüllung meiner Lebensvision getan?« Und von dem langen, anstrengenden Tag bleiben höchstens einige kleine Lichtblicke.

Gelegentlich, meist um den Jahreswechsel, stolpert man dann über seine Lebenspläne und Visionen und seufzt: »Das mache ich ganz bestimmt im neuen Jahr.« Doch auch in den nächsten zwölf Monaten passiert gar nichts, wieder verstreicht ein Lebensjahr und reiht sich brav an das nächste: Am Ende blickt man auf ein ge-fülltes, aber nicht er-fülltes Arbeitsleben, und was bleibt, ist die Frage: »Soll das etwa alles gewesen sein?«

Die Hauptursache für mangelnde Effektivität im persönlichen Zeit- und Lebensmanagement liegt im täglichen Diktat des Dringlichen. Darunter leidet die konsequente Konzentration auf die wirklich wichtigen Dinge, auf die eigenen Ziele.

Das Diktat des Dringlichen – hier stoßen klassische Zeitplanmethoden und Arbeitstechniken geradezu unweigerlich an ihre Grenzen. Sie laborieren nur an den Symptomen, bekämpfen jedoch nicht die wahren Ursachen des Dringlichkeitswahns.

Doch wie kann man herausfinden, welche Dinge und Aufgaben wirklich wichtig sind? Was muss sofort erledigt werden, was kann man auf später verschieben oder aber anderen übertragen? Um den Überblick zu behalten, ist es hilfreich, zwischen »*dringlichen*« und »*wichtigen*« Aktivitäten zu unterscheiden. Diese Unterscheidung, die dem amerikanischen General Dwight D. Eisenhower zugeschrieben wird, hat sich als praktische Entscheidungshilfe für eine *schnelle Prioritätensetzung* bestens bewährt:

- *Wichtig* sind Zukunft, Werte, Menschen, Ziele, Ergebnisse und Erfolg.
- *Dringlich* steht für Zeit, Termindruck, Stress, Soforterledigung, Unterbrechungen, Krisen und Probleme.

Folgt man dem *Eisenhower-Prinzip,* ergeben sich vier Hauptkategorien für ein effektives *Prioritätenmanagement*:

Prioritäten-Matrix

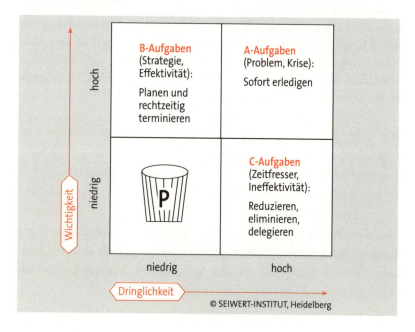

Jeder der Quadranten steht für bestimmte Schlussfolgerungen:

Quadrant A: *Wichtige und dringliche Aktivitäten,* die mit einem festen Termin gekoppelt sind. Diese Dinge müssen *sofort* und von einem *selbst* in Angriff genommen werden. Meist handelt es sich um *kritische Situationen, Probleme* oder gar *Krisen,* denn eigentlich sollten wir dafür sorgen, dass Wichtiges nicht dringlich wird und dann unter hohem Zeitdruck erledigt werden muss.

Quadrant B: Aktivitäten, *die wichtig sind, jedoch keinen festen Termin haben.* Auch diese Dinge müssen in der Regel von einem *selbst* erledigt werden. Leider schieben wir diese Aktivitäten oftmals auf die lange Bank, bis sie dann nicht nur wichtig, sondern auch noch dringlich sind und »Hau-ruck«-Aktionen auf den letzten Drücker erfordern. Achten Sie also darauf, diese Aktivitäten besser zu planen und rechtzeitig zu *terminieren.*

Quadrant C: *Dringliche, aber unwichtige Aktivitäten* nehmen den größten Teil unseres Zeitbudgets in Anspruch. Hier stecken unsere *größten Zeitreserven.* Versuchen Sie diese Aktivitäten soweit wie möglich *zu reduzieren, zu delegieren* oder *zu eliminieren.*

Quadrant P: Alles, was *weder wichtig noch dringlich* ist, kann vernachlässigt oder in den *Papierkorb* befördert werden. Haben Sie Mut, Ihren Papierkorb zu benutzen! Stellt sich im Nachhinein etwas doch noch als wichtig oder dringlich heraus, wird Sie sicher früher oder später jemand daran erinnern.

Das Wichtige ist selten dringlich,
und das Dringliche ist selten wichtig!

Das Diktat des Dringlichen

Wir alle werden vom *Diktat des Dringlichen* beherrscht: Dringliche Aktivitäten sind in der Regel mit den Prioritäten und Terminen anderer verbunden, die uns dazu drängen, diese Dinge möglichst schnell zu erledigen. Hinter dringlichen Dingen steckt also immer ein gewisser *Druck von außen*.

Dieser Druck hat zur Folge, dass wir unsere Prioritäten dem Diktat des Dringlichen unterwerfen: Wir stürzen uns geradezu auf die dringlichen Aufgaben – und für die strategisch wichtigen, aber nicht dringlichen B-Aufgaben bleibt uns häufig einfach keine Zeit. *Jeder will alles sofort, am liebsten schon vorgestern!*

Natürlich verhalten wir uns meist auch selbst so. Wer wartet schon gerne lange? Wenn wir etwas wollen, dann *sofort!* Besonders stark sind wir dem *Diktat des Dringlichen* in unserem Arbeitsalltag unterworfen. Niemand kann es sich leisten, seinen Vorgesetzten oder seine Kunden lange auf etwas warten zu lassen:

- Wenn jemand einen Termin mit Ihnen vereinbaren will, möchte er Sie am liebsten *sofort* treffen.
- Wenn ein Kunde eine Anfrage stellt, möchte er sie *sofort* beantwortet haben.
- Wenn Ihnen Ihr Chef eine Aufgabe überträgt, dann will er, dass Sie diese *sofort* erledigen.
- Wenn Sie wiederum etwas von anderen wollen, dann wollen Sie dies auch *sofort*.

Wir können uns nicht immer dem Diktat des Dringlichen entziehen. Aber wir können versuchen, uns Freiräume zu schaffen. Setzen Sie den *externen Terminen* anderer Ihre ganz persönlichen *internen Termine* entgegen.

Reservieren Sie regelmäßig Zeitfenster oder Termine für sich selbst, und nutzen Sie diese, um sich Ihren Prioritäten und Ihren Zielen zu widmen.

Wir können unsere Zeit nun einmal nicht vermehren. Doch wir können unsere Prioritäten so setzen, dass wir möglichst viel Zeit für uns und die Dinge, die uns wirklich wichtig sind, gewinnen.

Pro-aktive Prioritäten-Matrix: Mehr Zeit für B, weniger Zeit für C

[Matrix-Diagramm: Wichtigkeit (niedrig/hoch) vs. Dringlichkeit (niedrig/hoch); externer Druck wirkt auf die rechte Spalte. Quadrant B (oben links, hoch/niedrig): Termine mit sich selbst. Quadrant A (oben rechts, hoch/hoch): Akute Probleme: schnell lösen. Quadrant P (unten links, niedrig/niedrig): Papierkorb. Quadrant C (unten rechts, niedrig/hoch): Nein sagen, Delegieren, Eliminieren.]

Den größten Teil unserer Zeit widmen wir den unwichtigen, aber eiligen Dingen aus *Quadrant C*. Wir glauben, dass wir diese Dinge nicht nur selbst, sondern auch noch möglichst schnell erledigen müssen. Nur, wenn Sie hier radikal reduzieren, loslassen, delegieren oder lernen, Nein zu sagen, haben Sie eine Chance, sich auf die Dinge aus *Quadrant B,* auf die wichtigen Dinge in Ihrem Leben, zu konzentrieren.

Das Geheimnis erfolgreicher Menschen liegt darin, sich beim Ziel- und Zeitmanagement auf die Aktivitäten in Quadrant B zu konzentrieren und so wenig Zeit wie möglich in dringliche, aber unwichtige Dinge aus Quadrant C zu investieren.

Doch egal, wie perfekt Sie auch planen, Sie werden es nie ganz schaffen, keine Aufgaben in *Quadrant A* zu haben. Es wird immer etwas geben, um das Sie sich eigenhändig und sofort kümmern müssen. Meist werden wichtige Angelegenheiten erst dann auch noch dringlich, wenn etwas schief läuft. Unvorhergesehene Dinge passieren immer wieder. Doch das sind die ganz normalen Unwägbarkeiten des Alltags, frei nach dem Motto »*Planung heißt, Zufall durch Irrtum zu ersetzen*«. Wenn es Ihnen aber gelingt, sich *nicht* mehr auf die unwichtigen Aufgaben aus Quadrant C zu konzentrieren, dann gewinnen Sie die Zeit, die Sie brauchen, wenn wichtige Dinge plötzlich dringlich werden.

Bei dringlichen Dingen sollten wir nur *re-agieren*, damit wir bei wichtigen Dingen *agieren* können.

Die Konzentration auf das Wichtige und nicht auf das Dringliche ist für das persönliche Zeit- und Zielmanagement also von höchster strategischer Bedeutung.

Wöchentliche Prioritätenplanung

»Der Schlüssel liegt nicht darin, Prioritäten für das zu setzen, was auf Ihrem Terminplan steht, sondern darin, Termine für Ihre Prioritäten festzulegen.«
Stephen R. Covey

Damit auch Sie in Zukunft nicht mehr nur re-agieren, sondern auch agieren können, sollten Sie unbedingt an Ihrer ganz persönlichen Prioritätenplanung arbeiten. Die meisten Menschen sind in ihrer persönlichen Zeitplanung und Arbeitsorganisation auf ihren Tagesplan oder Terminkalender und die darin fest verankerten Termine fixiert. Wer jedoch seine Lebensvision, sein Leitbild oder Lebensziel auch wirklich in die Tat umsetzen will, braucht einen Planungshorizont, der weit über kurzfristige Verabredungen hinausgeht.

Wir können unsere Visionen nur Wirklichkeit werden lassen, wenn wir dafür sorgen, dass wir uns auch Zeit für unsere Wünsche und Ziele nehmen – Tag für Tag, Woche für Woche.

Tag für Tag zu planen ist sicherlich ein guter Anfang. Doch laufen wir bei einer reinen Tagesplanung Gefahr, uns von dringlichen Dingen diktieren zu lassen. Wir packen alles, was dringlich ist, in einen Tag und haben einfach keine Zeit mehr für die wirklich wichtigen Dinge. Zudem spiegelt ein einzelner Tag nur einen kleinen Ausschnitt aus unserem Leben wider. Viele Dinge, die uns wichtig sind, kommen darin gar nicht vor. Daher sollten wir uns bei unserer Planung zunächst auf die *Woche* konzentrieren, zumal hier auch das Wochenende eingeschlossen ist und wir uns einen guten Überblick über all unsere Aktivitäten verschaffen können – Arbeit und Freizeit, Beruf und Privates, Familie und Hobbys.

Tagesplanung verstärkt die Prioritätensteuerung durch *Dringlichkeit;* *Wochenplanung* hingegen unterstützt die Konzentration auf das *Wichtige.*

Wer es nicht schafft, innerhalb einer Woche etwas für die Dinge zu tun, die ihm wichtig sind, der hat seine Zeit und damit auch sein Leben nicht im Griff. Vielleicht sind es zu viele Aktivitäten, denen jemand nachgeht? Oder er hat sich einfach zu viele Rollen aufgeladen? Vielleicht werden auch keine eindeutigen Prioritäten an der richtigen Stelle gesetzt? Wie dem auch sei: Hier ist die *Lebens-Balance* nicht im Gleichgewicht!

Natürlich wird es immer wieder Tage und auch die eine oder andere Woche geben, wo Sie sich nicht um Ihre Familie oder Freunde kümmern können, Ihr Hobby einfach zu kurz kommt und Sie keine Zeit für Muße haben. Aber das sollte eine *Ausnahme* sein und darf keinesfalls zur Regel werden! Vergessen Sie nicht: Entscheidend ist, was am Ende unter dem Strich Ihrer *Lebens-Bilanz* als Saldo herauskommt.

Wenn Sie weiterhin nur das tun, was Sie momentan tun, erreichen Sie auch nur das, was Sie momentan erreichen.

Es gibt viele Dinge, für die wir nur am Wochenende Zeit haben, etwa wenn unsere Kinder oder unser Partner zu Hause sind. Daher schafft die *wöchentliche Prioritätenplanung* Zeit für unsere Ziele und verbindet Visionen mit Aktionen. Sie schließt die Lücke zwischen

- unseren langfristigen Visionen, Wünschen und Zielen und
- dem kurzfristigen Tagesgeschäft, das meist dem Diktat des Dringlichen unterworfen ist.

Nur wer seine Woche gewissenhaft plant, hat die Möglichkeit, seine langfristigen Ziele, das große Ganze mit dem Tagesgeschehen zu verbinden.

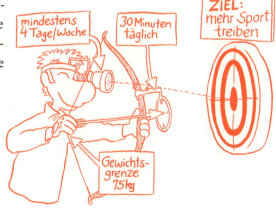

Wochenplanung als Schnittstelle zwischen Vision oder Leitbild und Tagesarbeit
(in Anlehnung an Covey, Stephen R./ Merrill, A. Roger/ Merrill, Rebecca R.: *Der Weg zum Wesentlichen. Zeitmanagement der vierten Generation.* 5. Aufl. Frankfurt/New York: Campus, 2003)

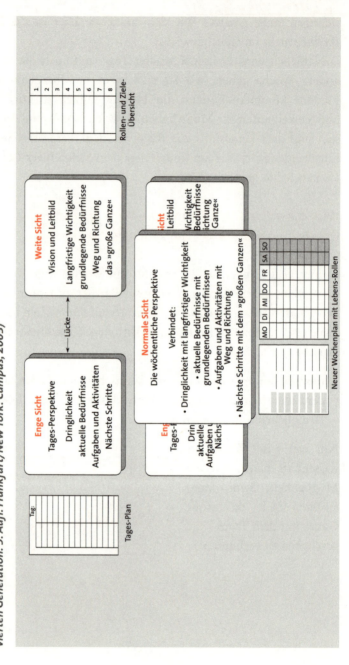

Wochenplanung in Aktion

»Man kann alles richtig machen und doch
das Wichtigste versäumen.«
                    Alfred Andersch

Mit der wöchentlichen Prioritätenplanung gelingt Ihnen der Spagat zwischen *Vision und Aktion*. Entscheidend dabei ist, dass Sie für Ihre wirklich wichtigen Aktivitäten auch entsprechende *Zeitfenster* reservieren.

Halten Sie sich dabei an das *»Kieselprinzip«:* Stellen Sie sich ein Gefäß vor, in das Sie im Geiste zunächst die großen Kiesel legen, die für wichtige Prioritäten stehen. Machen Sie Ihr Gefäß aber nur so voll, dass Ihnen auch noch genügend Platz für die weniger wichtigen Dinge wie Kies, Sand und Wasser bleibt.

Eine nach dem Kieselprinzip ausgerichtete Wochenplanung mit Prioritäten und Zeitfenstern für das wirklich Wichtige stellt den

Schlüssel für eine ausgewogene *Zeit- und Lebens-Balance* dar. Und: Wenn Sie das Wichtige nicht nur irgendwo im Hinterkopf haben, sondern es schriftlich festhalten, dann fällt es Ihnen auch wesentlich leichter, Nein zu Unwichtigem und Ja zu den Dingen zu sagen, die Sie Ihren Lebenszielen näher bringen.

Lassen Sie nicht zu, dass Ihnen immer schnell irgendetwas dazwischen kommt. So füllt sich Woche für Woche mit relativ unwichtigen Aktivitäten, und das Wesentliche bleibt wieder einmal auf der Strecke. Blockieren und terminieren Sie – *nehmen Sie sich ganz bewusst Zeit für Ihre Lebensziele.*

Um den Überblick nicht zu verlieren, können Sie Ihre Woche auch so planen, dass Sie bestimmte Aktivitäten einem ganz bestimmten Wochentag zuordnen.

Wie auch immer Sie vorgehen: Wichtig ist, dass Sie bei aller Planung darauf achten, auch im Tagesgeschehen *flexibel* zu bleiben: Es geht darum, sich *Zeit für die wirklich wichtigen Dinge* zu nehmen und langfristig seinen Visionen, Wünschen und Zielen näher zu kommen. Es geht *nicht* darum, sich sklavisch an einen Plan zu halten.

> **Praxis-Tipp**
> Bei der praktischen Umsetzung der Wochenplanung hat sich der *Wochen-Kompass* bewährt. Dieses nützliche Formular berücksichtigt Ihre einzelnen Lebenshüte bei der wöchentlichen Prioritätenplanung. So können Sie jeden einzelnen Bereich Ihres Lebens Woche für Woche planen. Und: Sie können Ihren Wochen-Kompass ganz einfach auf einem schmalen Heftstreifen in einer gelochten Klarsichthülle zwischen den Tages- und Wochenplänen einschlägiger Zeitplanbücher einfügen. So haben Sie Ihren Kompass immer griffbereit.

Dritter Schritt: Prioritäten wöchentlich planen 155

Wochenplanung nach Lebenshüten

Wochen-Kompass

Datum/KW:

Zeit-Balance

Körper: Probetraining im Fitness-Center

Leistung: täglich: CNN-Talkshow und -Nachrichten

Kontakt: Mittagessen mit Golflehrer im Clubhaus

Sinn: Meditationsbuch: jeden Tag 10 Seiten!

Lebenshut: drilbox - GF
Aktivitäten: Einführung des Kaizen-Teams

Lebenshut: tempus - GF
Aktivitäten: Präsentation für Händlerbeirat

Lebenshut: AGP-Vorsitzender
Aktivitäten: Werbeprospekt und Mailing für Interessenten

Lebenshut: Ehemann
Aktivitäten: gemeinsamer Kochkurs, Guildo Horn-Konzert

Lebenshut: Vater
Aktivitäten: Telefonkonferenz mit John wg. Praktikum

Lebenshut: Hobbykoch
Aktivitäten: asiatischer Spezialitäten-Laden

Lebenshut: OASE-Gemeinde
Aktivitäten: Einladung für Info-Veranstaltung

© **tempus** und SEIWERT-INSTITUT, Heidelberg, Formular ③, Best.Nr. BF 92

156 Vier Schritte zur persönlichen Zeitsouveränität

Wöchentliche Prioritätenplanung

Wochen-Kompass

Datum/KW:

✿ Zeit-Balance

Körper:

Leistung:

Kontakt:

Sinn:

🎩 **Lebenshut:**
Aktivitäten:

🎩 **Lebenshut:**
Aktivitäten:

🎩 **Lebenshut:**
Aktivitäten:

🎩 **Lebenshut:**
Aktivitäten:

🎩 **Lebenshut:**
Aktivitäten:

🎩 **Lebenshut:**
Aktivitäten:

🎩 **Lebenshut:**
Aktivitäten:

© tempus und SEIWERT-INSTITUT, Heidelberg, Formular 3, Best.Nr. BF 92

Vier Schritte zur Zeitsouveränität und Effektivität

① Vision, Leitbild, Lebensziel entwickeln
② Lebenshüte oder Lebensrollen festlegen
③ Wochenprioritäten effektiv planen
④ Tagesarbeit effizient erledigen

✏️

Vierter Schritt:
Tagesarbeit effizient erledigen

»Ein Leben, das wert ist, gelebt zu werden,
hat es auch verdient, protokolliert zu werden.«
Anthony Robbins, Erfolgstrainer

Erfolgspyramide zur Effektivität

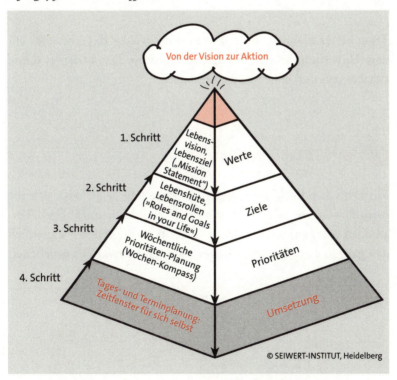

Auch wenn Sie genau festgelegt haben, was Sie im Laufe einer Woche erreichen wollen – erst im täglichen Praxistest wird sich erweisen, ob es Ihnen gelingt, sich auch tatsächlich auf das Wesentliche zu konzentrieren.

Prüfen Sie Ihre Wochenplanung Tag für Tag. Nehmen Sie sich jeden Morgen ein paar Minuten Zeit, um Ihre wöchentliche Prioritätenplanung zu überprüfen und Ihre Erfolge zu kontrollieren: Was ist wirklich wichtig, worauf will ich mich *heute* im Hinblick auf meine Lebensziele *konzentrieren*?

Wer sich zu viel vornimmt und alles verplant, ist unflexibel, und das führt zwangsläufig zu Stress.

Trotz bester Planung, wird Ihnen immer wieder das eine oder andere Unvorhergesehene dazwischenkommen. Das bedeutet dann: flexibel sein und neue Prioritäten setzen.

Effiziente Tagesorganisation

Ein kritischer Blick auf unseren Arbeitsalltag zeigt, dass sich die meisten von uns *überlastet* fühlen. Obwohl wir unzählige Überstunden machen, wissen wir abends oft nicht, was wir eigentlich den ganzen Tag über getan haben. Wir haben zwar viel gearbeitet,

aber die wirklich wichtigen Dinge sind wieder einmal liegen geblieben. Irgendwie ist uns immer etwas Unerwartetes, das keinen Aufschub duldet, dazwischengekommen.

Zehn typische Zeitsünden

1. Zu viel auf einmal tun zu wollen. ○
2. Auf klare Prioritäten verzichten. ○
3. Zu wenig Zeit für Unvorhergesehenes einplanen. ○
4. Keine Erholungspausen vorsehen. ○
5. Chaos auf dem Schreibtisch. ○
6. Zu wenig Zeit für Telefonate, Gespräche und Korrespondenz reservieren. ○
7. Unangenehme Aufgaben aufschieben. ○
8. Unfähigkeit, »Nein!« zu sagen. ○
9. Alles zu perfekt erledigen wollen. ○
10. Mangelnde Konsequenz und Selbstdisziplin. ○

Kommen Ihnen diese Zeitsünden irgendwie bekannt vor? Es liegt ganz an Ihnen, wie Sie mit Ihrer Zeit umgehen: Wenn Sie versuchen, es allen recht zu machen und auf zu vielen Hochzeiten tanzen, werden Sie Ihre Zeit nie in den Griff bekommen! Sie werden sich in Nebensächlichkeiten verlieren und es nie schaffen, sich auf das wirklich Wichtige zu konzentrieren.

Je besser Sie Ihren Tag einteilen und planen, desto besser können Sie ihn für Ihre eigenen Zielvorstellungen nutzen.

Sieben Grundregeln zur Tagesplanung

1. Planen Sie schriftlich. Notieren Sie alle Aktivitäten, Aufgaben und Termine sofort in Ihrem *Zeitplanbuch* – das gilt auch für Routineaufgaben und Kleinigkeiten. Nur so behalten Sie den Überblick und können sich auf das Wesentliche konzentrieren.

2. Planen Sie Ihren neuen Arbeitstag am Vorabend. So können Sie Ihr *Unterbewusstsein* sozusagen im Schlaf für sich arbeiten lassen und seine schöpferischen Kräfte über Nacht nutzen. Zudem ersparen Sie sich vor dem Schlafengehen beunruhigende Gedanken darüber, was wohl am nächsten Tag alles auf Sie zukommen wird.

3. Schätzen Sie Ihren Zeitbedarf und setzen Sie sich Zeitlimits. Sicher gehen Sie sehr sorgsam mit Ihrem Geld um und kalkulieren geplante Ausgaben im Voraus. Warum tun Sie das nicht auch mit Ihrer Zeit? Vergessen Sie nicht: Zeit ist noch wertvoller als Geld! Die meisten Aufgaben kann man unendlich in die Länge ziehen, daher sollten Sie sich für jede Aktivität ein *Zeitlimit* setzen. Sie werden sehen: Ein Zeitlimit, das Sie auch beherzigen, kann unglaubliche Reserven freisetzen.

4. Verplanen Sie nicht den ganzen Tag. Ein realistischer Tagesplan sollte grundsätzlich nur das enthalten, was Sie an diesem Tag erledigen wollen – und auch können. Unterschätzen Sie Ihren tatsächlichen Zeitbedarf nicht! Verplanen Sie keinesfalls mehr als 60 Prozent Ihres Tages. Halten Sie sich an die *Faustregel 60–20–20*: Reservieren Sie 60 Prozent Ihrer Zeit für geplante Aktivitäten, 20 Prozent für unvorhergesehene Aufgaben und die berühmt-berüchtigten Zeitdiebe und 20 Prozent für soziale Kontakte. Die Erfahrung wird Ihnen zeigen, was in Ihrem Arbeitsalltag machbar und planbar ist – und was nicht.

5. Fassen Sie vergleichbare Aufgaben zu Arbeits- und Zeitblöcken zusammen. Arbeits- und Zeitblöcke geben Ihrem Tag eine erste Grobstruktur. Halten Sie sich aber nicht sklavisch an die Blöcke. Achten Sie unbedingt darauf, *flexibel* zu bleiben!

So könnten Ihre *Arbeits- und Zeitblöcke* aussehen:

08.30–10.00 Uhr:	Arbeit an einer *A-Aufgabe:* konzentriertes Arbeiten ohne Unterbrechungen und Anrufe
10.00–11.00 Uhr:	Zeit für *Kommunikation:* Gespräche mit Kollegen, Kunden oder Vorgesetzten, Korrespondenz und Anrufe
11.00–12.00 Uhr:	Arbeit an einer *A-Aufgabe* oder Besprechungen/Meetings
12.00–13.00 Uhr:	Mittagspause
13.00–14.00 Uhr:	Arbeit an *C-Aufgaben:* Ablage, Fachzeitschriften lesen, soziale Kontakte
14.00–15.00 Uhr:	Arbeit an einer *B-Aufgabe:* konzentriertes Arbeiten ohne Unterbrechungen und Anrufe
15.00–16.00 Uhr:	Zeit für *Kommunikation:* Gespräche mit Kollegen, Kunden oder Vorgesetzten, Korrespondenz und Anrufe
16.00–17.00 Uhr:	Arbeit an einer *B-Aufgabe* oder Besprechungen/Meetings
17.00–17.30 Uhr:	Tageskontrolle und *Tagesplan:* Soll-Ist-Vergleich des Tagesplans (Zielerreichung) und Erstellung des Plans für den nächsten Tag

6. Stellen Sie Ihre Prioritäten in den Mittelpunkt. Beginnen Sie immer mit dem *Wichtigsten,* nicht mit dem Dringlichsten! Fragen Sie sich immer wieder: Was ist wirklich wichtig? Was bringt mich meinen Zielen näher? Und: Was würde passieren, wenn ich etwas *nicht* tun würde? Lernen Sie, Nein zu sagen, frei nach dem Motto: »Nein sagen, wenn möglich. Ja sagen, wenn nötig.«

Tagesplan

Dezember 2005
50.W./348. T.

Mittwoch 14

Priorität:

Selbst erledigen:
- Vorbereitung: Präsentation für Händlerbeirat
- Einführung Kaizen-Team
- AGP-Mailing/-Prospekt

8:30
9
10
11
12

Veranlassen:
- Flug Wien buchen
- Werbeentwürfe sichten

13

14

15 ☎ Fr. Gay 07232-36980
16 Meeting: Hr. Ruhleder
    Marketingplan
17
18:00 Fitness-Studio
19 ✉ Fr. Walliter *
20:00 VHS-Kurs   Tiki-Gratulation

7. Konzentrieren Sie sich auf die positiven Dinge. Verlieren Sie nicht die Freude an Ihrem Tag! Tun Sie jeden Tag etwas, das Ihnen Spaß macht: Treffen Sie sich mit Freunden, gehen Sie ins Kino, zum Friseur oder gönnen Sie sich ein gutes Essen. Nur wer einen *Ausgleich* zur täglichen Arbeit schafft, kann dauerhaft erfolgreich sein.

> *Praxis-Tipp*
> Es kostet viel Disziplin, seine Ziele konsequent zu verfolgen. Verschaffen Sie sich Tag für Tag einen Motivationsschub. Beschließen Sie jeden Tag mit Ihrer ganz *persönlichen Tagesschau*, führen Sie ein *Erfolgstagebuch*. Notieren Sie jeden auch noch so kleinen Erfolg. So richten Sie Ihren Blick automatisch auf das Positive, auf Ihre Stärken und Erfolgserlebnisse. Und: Wenn Sie wissen, dass Sie Ihr Tun protokollieren und abends Farbe bekennen müssen, fühlen Sie sich Ihren Vorsätzen und Zielen stärker verpflichtet und werden sich wesentlich mehr anstrengen, um Ihre Ziele auch zu erreichen.

Der beste Platz für Ihr persönliches Erfolgstagebuch ist Ihr *Zeitplanbuch*. Kopieren Sie einfach die folgende Checkliste, und heften Sie diese in Ihr Zeitplanbuch ein.

> **Mein Erfolgstagebuch**
> - Hat mich der heutige Tag meinen Zielen näher gebracht?
> - Welche Ziele werde ich in Zukunft noch konsequenter verfolgen?
> - Was habe ich heute gelernt und was mache ich in Zukunft anders?
> - Welche Aktivitäten haben nur Zeit gekostet, aber nichts gebracht?
> - Wie kann ich mich für meine Erfolge belohnen und es mir gut gehen lassen?

Sieben Tage für Ihren Erfolg

Wenn Sie Ihr persönliches Erfolgstagebuch jeden Tag gewissenhaft führen, dann sollten Sie die einzelnen Tage nicht isoliert sehen. Nehmen Sie sich die letzten sieben Tage noch einmal zur Hand und werfen Sie einen kritischen Blick auf jeden einzelnen Tag. Haben Sie alles richtig gemacht oder gibt es noch Schwachstellen in Ihrer Planung? Die folgende Checkliste soll Ihnen helfen, Ihre Planung weiter zu optimieren:

> 1. Bin ich mir über meine *Lebensvision* und meine *Lebenshüte/-rollen* im Klaren?
>   Achten Sie darauf, dass Ihre verschiedenen Lebensbereiche in Balance sind.
> 2. Konzentriere ich mich auf die *wirklich wichtigen Dinge*?
>   Verlieren Sie sich nicht in Nebensächlichkeiten und denken Sie bitte auch daran, sich nicht nur auf Berufliches, sondern auch auf Persönliches zu konzentrieren.

3. Plane ich meine Aktivitäten im Hinblick auf meine *Ziele?*
   Stellen Sie sicher, dass die Dinge, die Sie Tag für Tag tun, Sie Ihren Zielen auch wirklich näher bringen.
4. Setze ich klare *Prioritäten?*
   Unterwerfen Sie sich nicht dem Diktat des Dringlichen, erledigen Sie immer die wichtigen Dinge zuerst und legen Sie Unwichtiges konsequent zur Seite.
5. Habe ich Zeitdiebe und *Störfaktoren* im Griff?
   Planen Sie ausreichend Zeit für Unvorhergesehenes ein und haben Sie den Mut, Nein zu sagen.
6. Erledige ich meine Aufgaben *diszipliniert?*
   Unterteilen Sie schwierige Aufgaben in kleine Schritte, aber schieben Sie Unangenehmes auf keinen Fall lange vor sich her.
7. Ziehe ich regelmäßig *Bilanz* und genieße meine *Erfolge?*
   Überprüfen Sie Ihre Planung, seien Sie dabei kritisch, vergessen Sie aber nicht, Erfolge zu feiern und sich auch gebührend zu belohnen!

»*Carpe diem!*« – Nutze den Tag! Aber nutzen Sie Ihren Tag nicht allein, um in weniger Zeit immer mehr zu leisten. Vergessen Sie nie: Die Antwort auf den Tempo-Trend unserer Zeit muss eine ausgewogene Zeit-Balance zwischen beruflichen Anforderungen und persönlichen Lebenszielen sein. Nutzen Sie Zeitmanagement als Schlüssel zur *Work-Life-Balance.*

Teil III

Zeitmanagement als Schlüssel zur Work-Life-Balance

Eigen-Sinn für ein Leben in Balance

»Leben ist das, was dir passiert,
während du dabei bist, andere Pläne zumachen.«
John Lennon

Sie haben sich nicht verlesen, die Überschrift ist kein Tippfehler. Ich möchte Sie wirklich dazu auffordern, *eigen-sinnig zu werden* – allerdings nicht im herkömmlichen Sinne des Wortes. Eigensinn wird oft mit Starrsinn verwechselt – völlig zu Unrecht: Denn wer eigensinnig ist, besinnt sich auf das, was ihm *wirklich wichtig* ist. Er bestimmt die Richtung seines Lebens selbst und trifft eigene Wert-, Sinn- und Zielentscheidungen. Ein eigen-sinniger Mensch fragt sich nicht nur, was er erreichen möchte, sondern vor allem, wozu. Und: *Eigen-sinnig* bedeutet auch, seine Sinne zu erfahren, zur *Be-sinnung* zu kommen, einen schönen Augenblick festzuhalten, sich an der Magie von Farben zu erfreuen, die Natur zu spüren, wenn der Wind unsere Haut streichelt und die Gedanken fliegen ...

Wer eigen-sinnig ist, ist auf dem besten Weg, dem Dringlichkeitswahn unserer Zeit zu entkommen und den entscheidenden Schritt vom reinen Zeitmanagement hin zum Lebensmanagement zu tun, *zu einem Leben in Zeit-Balance.*

»Das wurde aber auch Zeit ...«

Erinnern Sie sich an die *Slobbies* aus Teil 1, die »Slower but better working people«? Bekennende Slobbies sagen dem Hamsterrad des »*immer schneller*« ade und weigern sich, Geschwindigkeit als einziges Leistungskriterium zu akzeptieren. Sie versuchen, der Langsamkeit produktive und kreative Seiten abzugewinnen. Eigen-sinnig wie Slobbies nun mal sind, stehen sie dazu, wenn ihr Timer einmal nicht vor Terminen überquillt. Und sie achten darauf, dass ihr Timer auch genügend Termine für Spaß und Lebensfreude enthält: ein Essen mit Freunden etwa oder ein freier Nachmittag – und zwar nicht, um Versäumtes nachzuarbeiten, sondern nur für sich selbst.

> *Praxis-Tipp*
> Wer Eigen-Sinn entwickeln will, muss zuallererst Freiräume schaffen. Holen Sie sich Stift und Papier und notieren Sie:
> - Wofür hätte ich gern mehr Freiräume?
> - Wer oder was nimmt mir meine Freiräume?
> - Wer oder was setzt mich besonders unter Druck?

Slobbies halten wenig von Effektivitätsmaximen und Rationalisierungsmethoden: Ihnen kommt es überhaupt nicht in den Sinn, den berüchtigten »Zeitdieben« – Meetings, Telefonaten oder Small Talk – den Garaus zu machen, denn was hilft die größte Zeitersparnis, wenn *Lebensqualität* und *Spaß* an der Arbeit zu kurz kommen?

Wer in unserer *High-Speed-Gesellschaft* auf Dauer bestehen will, muss nicht schneller und härter arbeiten, sondern besser mit seinen Kräften haushalten: Es gilt, die eigenen Reserven ganz gezielt einzuteilen und zu nutzen. »*Wer nicht regeneriert, verliert*«, lautet die Formel für die Arbeitswelt der

Zukunft. Menschliche Arbeitskraft lässt sich weder unendlich beschleunigen noch beliebig steigern. »*Wir brauchen Pausen, um zwischendurch zu regenerieren*«, so Professor *Peter Wippermann* vom Hamburger Trendbüro.

»*Wenn man weiß, was man tut, kann man tun, was man will*«, formuliert *Moshé Feldenkrais* die Grundregel der Slobbies. Doch das ist leichter gesagt als getan. Wer kann schon tun, was er will? Unser Tagesablauf wird meist von anderen diktiert: Um 8 Uhr müssen wir im Büro sein, für 10 Uhr ist ein Meeting anberaumt, um 11 haben wir einen Telefontermin ...

Dennoch – oder gerade deswegen – sind *Slobbies weiter auf dem Vormarsch*. Eigentlich sind sie auch gar keine neue Spezies: Dort, wo Sorgfalt und Geduld gefragt sind, trifft man schon immer auf Slobbies. Ein guter Winzer etwa weiß, dass ein großer Jahrgang Zeit braucht, um zu reifen. Restauratoren investieren unendlich viel Geduld, um alte Fresken freizulegen und für die Nachwelt zu bewahren. Bei der Herstellung von Luxus-Zeitmessern zählen auch heute noch die ruhige Hand und das geübte Auge des Meisters, die keine Maschine und kein Computer ersetzen können.

Wie bei Uhrmachermeister Rolf Lang, der Uhren beim Traditionshersteller A. Lange & Söhne in Glashütte, Sachsen, entwickelt. Seit 1845 werden hier Zeitmesser gefertigt, und es scheint, als ob die Zeit hier stehen geblieben ist: Rolf Lang sitzt an einem Tisch aus dunkel gebeiztem Fichtenholz – die Werkstatt sieht genauso aus wie 1920, nichts hat sich verändert. Langs Arbeitgeber verdient Geld damit, dass er Zeit braucht. Zeit und Geduld müssen auch die Kunden aufbringen; manchmal müssen sie ein Jahr oder länger auf ein neues Modell warten.

Lang studiert, wie früher Uhren gebaut wurden. Bevor er nach Glashütte kam, war er Restaurator im Mathematisch-Physikalischen Salon des Dresdner Zwingers, der technischen Wunderkammer August des Starken. Lang lernte hier, dass man die Zeit nicht totschlagen kann, ohne die Ewigkeit zu verletzen. »Die guten Ideen für heute«, sagt er, »hole ich mir aus der Vergangenheit.« Der Uhrmacher dreht mit der Hand jedes Rad, jeden Rohling, jede Welle. »Ich passe die Teile so an, dass sie sich lieben.« Wenn er schnell sein muss, schafft er eine Taschenuhr in einem halben Jahr. Allein für die Montage der Datumsanzeige benötigt er 66 Einzelteile. »Die Mechanik«, sagt Lang, »kann man nicht mehr beschleunigen.« (*Stern*, Juli 2003)

Die Lust auf *Langsamkeit,* der sinnvolle Umgang mit den eigenen Reserven, sollte jedoch keinesfalls mit Faulheit oder der Unlust zu arbeiten verwechselt werden. Denn ein langsameres Tempo führt keinesfalls automatisch zu schlechteren Leistungen – genauso, wie viel Arbeit nicht unbedingt viel Erfolg verspricht. Geduldige und entspannte Mitarbeiter sind nicht nur kreativer und haben mehr Spaß an ihrer Arbeit, auf lange Sicht sind sie auch wesentlich leistungsfähiger als ihre gestressten Kollegen. Nur, wer die Balance zwischen Leistung und Müßiggang wahrt, kann dauerhaft Höchstleistungen erzielen. Machen Sie es wie die Slobbies:

Entwickeln Sie Eigen-Sinn, werden Sie langsamer, um gut zu sein!

Die folgenden Tipps wollen Ihnen dabei helfen, wieder etwas mehr *Eigen-Sinn* zu entwickeln:

> **Tipps für Eigen-Sinnige**
> ○ *Entschlacken Sie Ihren Terminkalender:* Canceln Sie unwichtige Termine – natürlich überlegt. Bauen Sie auch für Ihre Freizeitaktivitäten Zeitpuffer ein. Ein Kinobesuch mit Zeit für einen Einkaufsbummel vorab und einer »Nachbereitung« bei einem Glas Wein kann ungemein entspannend sein.

- *Tausend Schritte sollst du tun:* Meiden Sie möglichst oft Aufzug oder Rolltreppe. Benutzen Sie für kleinere Strecken Ihr Fahrrad. Das langsamere Gefährt bringt Sie oft schneller zum Ziel und stärkt zudem Ihr Wohlbefinden.
Platzieren Sie es einsatzbereit in unmittelbarer Nähe Ihres Autos: Wenn Sie erst den Wagen wegfahren müssen, um den Drahtesel aus der Garage zu holen, kippen häufig auch die besten Vorsätze.
- *Kommen Sie zur Be-Sinnung:* Genießen Sie den Augenblick. Wissen Sie noch, was es für ein Gefühl ist, morgens barfuß über eine Wiese zu laufen oder sich nach einem abendlichen Gewitter auf die Terrasse zu setzen und die gereinigte Luft einzuatmen? Versuchen Sie es einfach wieder einmal.
- *Slow Food statt Fast Food:* Investieren Sie Zeit und Liebe in Ihr Essen und in die Essensvorbereitung, meiden Sie Fertigprodukte. Immer mehr Menschen lassen die Tradition der Kochclubs wieder aufleben: Man kocht in der Gruppe, lernt eine Menge Neues kennen und genießt gemeinsam das Ergebnis.

Kleine Schritte – große Wirkung

Sie können Ihr Leben nicht von heute auf morgen auf den Kopf stellen, aber auch kleine Schritte führen zum *Eigen-Sinn*. Bevor Sie etwas unternehmen, sollten Sie sich klar darüber werden, was Sie überhaupt ändern wollen. Stellen Sie sich dazu die Schlüsselfrage: »*Bin ich zufrieden?*«

Test: Wie zufrieden sind Sie mit Ihrem Leben?

Die folgenden Fragen sollen Ihnen helfen, zu erkennen, wie es um Ihre Zufriedenheit bestellt ist. Vergeben Sie dazu jeweils Punkte, je nachdem, welche der drei Antworten am ehesten auf Sie zutrifft:

Grundsätzlich ja	2 Punkte
Manchmal	1 Punkt
Nein	0 Punkte

Bin ich zufrieden ...
- ... mit meinem Leben allgemein? (Sinn/Selbstverwirklichung/Zukunftsfragen) ○
- ... mit meiner Partnerschaft? ○
- ... mit meinem Familienleben? ○
- ... mit meinem Job? ○
- ... mit meinem sozialen Umfeld? (Freunde/Bekannte/Kollegen) ○
- ... mit meiner finanziellen Situation? ○
- ... mit meinem Wohlbefinden? (Gesundheit/Fitness/Sexualität)? ○
- ... mit meiner Freizeitgestaltung? ○

Haben Sie den Test gemacht? Sehr gut, dann haben Sie schon den ersten Schritt in Richtung neues Lebensmanagement getan: Addieren Sie nun Ihre Punktzahl: ____

Sollten Sie auf *weniger als sieben Punkte* kommen, ist es höchste Zeit, dass Sie in Ihrem Leben etwas Grundlegendes ändern! Fangen Sie noch *heute* damit an.

Setzen Sie sich Zufriedenheits-Ziele

Suchen Sie sich zunächst den Bereich, der Sie *am meisten belastet,* und listen Sie auf, was Sie verändern und erreichen wollen:
- kurzfristig (innerhalb der nächsten vier Wochen),
- mittelfristig (innerhalb der nächsten sechs Monate),
- langfristig (innerhalb des kommenden Jahres und darüber hinaus).

Fangen Sie an, Ihre *Ziele* so genau wie möglich zu beschreiben, gehen Sie dabei auch ins Detail. Achten Sie aber darauf, dass Ihre Ziele auch erreichbar sind: Nichts ist demotivierender als ein zu hoch gestecktes Ziel. Statt Erfolg stellt sich dann Frust ein.

»Wenn du denkst, du kannst es, kannst du es.
Und wenn du denkst, du kannst es nicht, hast du recht.«

Henry Ford

Wege zur Zufriedenheit

Entdecken Sie die folgenden Wege zur Zufriedenheit und integrieren Sie diese nach und nach in Ihren Alltag:

- *Leben Sie Ihr Leben jetzt:* Verschieben Sie Ihre Wünsche nicht auf später, wenn Sie nicht mehr arbeiten, die Kinder groß sind oder Sie das nötige Geld haben – das ist reine Zeitverschwendung.
- *Finden Sie Ihre Lebensvision:* Erkennen Sie, wer Sie sind und was Sie wirklich wollen. Entwickeln Sie Ihr persönliches Lebensziel (blättern Sie eventuell zurück zu Seite 87 ff.).
- *Übernehmen Sie Selbstverantwortung:* Lernen Sie, losgelöst vom Urteil anderer zu entscheiden, was Sie tun möchten und was gut für Sie ist.
- *Achten Sie auf Ihre Gesundheit:* Tun Sie alles, damit Sie gesund bleiben. Dies ist eine der wichtigsten Voraussetzungen für ein Leben in Balance.
- *Nehmen Sie sich Zeit* für Liebe, Familie und Freundschaft.
- *Leben Sie Ihr eigenes Tempo.* Wie das geht, zeigt Ihnen das folgende Unterkapitel.

> **Praxis-Tipp**
> Befreien Sie sich von Zwängen und reduzieren Sie den Erfolgsdruck: Verabschieden Sie sich von »Muss-Sätzen«. Formulieren Sie positiv. Sagen Sie nicht: »Ich muss zufrieden sein«, sondern sagen Sie: »Ich möchte gerne zufrieden sein.«

Das eigene Tempo finden

Vergessen Sie es nie: Egal, ob Sie der klassische oder divergente Zeitmanagement-Typ sind (blättern Sie dazu zurück zu Seite 23 ff.), die Antwort auf den Tempo-Trend unserer Zeit ist eine *ausgewogene Zeit-Balance zwischen Speed und Downsizing*, beruflichen Anforderungen und privaten Wünschen, gelebter Realität und persönlichen Lebenszielen. Das Zeitmanagement der Zukunft bedeutet Selbstmanagement und *aktive Lebensgestaltung*.

Der Suchende
Es war einmal ein Suchender. Er suchte nach einer Lösung für ein schwieriges Problem, konnte sie aber nicht finden. Er wurde immer verzweifelter, verbissener und hektischer. Doch eine Lösung fand er nicht.

Die Lösung war ihrerseits schon ganz außer Atem, denn es gelang ihr nicht, den Suchenden einzuholen – kein Wunder, bei dem Tempo, mit dem er hin- und herraste, ohne auch nur einmal innezuhalten.

Eines Tages dann brach der Suchende völlig erschöpft zusammen, setzte sich auf einen Stein, legte den Kopf in die Hände und war verzweifelt.

Die Lösung, die nicht mehr damit gerechnet hatte, dass der Suchende jemals anhalten würde, fiel nun mit voller Wucht über ihn. Der Suchende fing sie auf und entdeckte erstaunt, dass er die Lösung seines Problems in seinen Händen hielt.

Zeit ist nicht immer Geld, aber Leben: Befreien Sie sich, wann immer Sie können, von dem engen Zeit-Korsett, in das Ihr Tagesablauf eingebunden ist. Durchbrechen Sie *festgefahrene Gewohnheiten*: Warum biegen Sie auf der Fahrt ins Büro nicht einfach ab und gönnen sich einen Kaffee in dem kleinen Bistro, das so viel

südländische Lebensfreude ausstrahlt? Sie kommen zwar etwas später zur Arbeit, sind aber sicher gut gelaunt und hoch motiviert. Alles geht Ihnen leichter von der Hand. Der kleine Abstecher hat also keine Zeit gekostet. Im Gegenteil: Sie haben Zeit gewonnen!

Egal, was Sie tun: Lassen Sie sich von Ihrem *inneren Rhythmus* leiten.

Dem Stress auf der Spur

»Schlaf ist die beste Meditation.«

Dalai Lama

Stress ist – wenn man richtig mit ihm umgehen kann – keine Bedrohung, sondern eine gewinnbringende Möglichkeit, Herausforderungen zu meistern: Wie viel Stress brauchen Sie, um Höchstleistungen zu erbringen, und ab wann wirkt sich Stress negativ auf Ihr Wohlbefinden aus?

Machen Sie sich zunächst bewusst: *Was stresst mich?* Stress ist ein äußerst diffuses Gefühl. Man fühlt sich extrem angespannt und kann gar nicht genau sagen, warum. Zudem ist Stress eine höchst subjektive Angelegenheit – jede Stress-Situation entsteht individuell: Für den einen ist es eine Auszeichnung, dass ausgerechnet er die Rede zum runden Geburtstag seines Chefs halten darf; für den anderen ist genau das der blanke Horror. Machen Sie sich also klar, wer oder was bei Ihnen Stress verursacht: die Schlange an der Supermarktkasse, der Besuch der Schwiegermutter, die neugierige Nachbarin, der tägliche Stau oder die lieben Kollegen? Schreiben Sie auf, was Sie belastet, und erstellen Sie eine detaillierte *Stressliste* mit realen Stressoren, aber auch Ängsten und Sorgen. Notieren Sie alles, was Sie in den letzten Wochen besonders viel Kraft und Energie gekostet hat. Erst, wenn Sie Ihre ganz persönlichen Stressquellen ausfindig gemacht haben, können Sie diese auch gezielt bekämpfen.

Test: Leiden Sie unter Stress?

Frage	Ja	Nein
Haben Sie abends das Gefühl, nur einen geringen Teil Ihres Tagespensums bewältigt zu haben?	○	○
Sind Sie abends zu müde, um privat noch etwas zu unternehmen?	○	○
Schlafen Sie schlecht ein, weil Sie an Dinge denken, die Sie belasten?	○	○
Denken Sie sofort nach dem Aufwachen an Dinge, die Sie unbedingt noch erledigen müssen?	○	○
Sind Sie oft zerstreut und vergesslich?	○	○
Fühlen Sie sich häufig müde und lustlos?	○	○
Haben Sie ständig das Gefühl, in Eile zu sein?	○	○
Denken Sie oftmals, dass Ihnen alles über den Kopf wächst?	○	○
Fällt es Ihnen schwer, Entscheidungen zu treffen?	○	○
Glauben Sie, dass Sie alles alleine machen müssen?	○	○
Haben Sie kaum Zeit für sich selbst?	○	○
Sind Sie oft ungeduldig und gereizt?	○	○
Treiben Sie andere häufig zur Eile an?	○	○
Haben Sie Schwierigkeiten abzuschalten?	○	○
Fehlt Ihnen die Freude in Ihrem Leben?	○	○

Haben Sie häufig oder fast immer mit »Ja« geantwortet? Dann ist es höchste Zeit, mit Ihrem ganz persönlichen *Anti-Stress-Programm* zu beginnen!

Gehen Sie dabei möglichst systematisch vor:

- Kommen Sie Ihrer *persönlichen Belastungssituation* auf die Spur.

- Vermeiden Sie konsequent *unnötigen Stress*.
- Suchen Sie Mittel und Wege, um *Stress abzubauen* beziehungsweise auszugleichen.

> **Praxis-Tipp: Ihre Stresskarte**
> Einen guten Überblick über Ihre ganz persönlichen Stressfaktoren bekommen Sie, indem Sie eine *Stresskarte* erstellen. Nehmen Sie ein möglichst großes Blatt und schreiben das Wort »STRESS« groß in die Mitte.
> Die Mitte des Blattes symbolisiert Ihr Stresszentrum; nach außen hin nimmt der Stress allmählich ab. Tragen Sie auf dem Blatt alles ein, was Sie stresst – nehmen Sie dabei die Stressliste mit Ihren Stressoren zur Hand. Die stressigsten Dinge kommen in die Mitte, die weniger stressigen an den Rand. Kennzeichnen Sie alles, was Ihnen täglich Stress bereitet. Halten Sie auch gleich fest, wenn Sie eine Idee haben, wie Sie Stressfaktoren minimieren oder sogar ganz ausschalten können. Erstellen Sie Ihre Stresskarte in regelmäßigen Abständen neu und überprüfen Sie, wo Sie Fortschritte im Kampf gegen den Stress erzielt haben, und welche Stressfaktoren besonders hartnäckig sind.

Ballast abwerfen

Wenn Sie sich einen Überblick über Ihre ganz persönlichen Stressoren verschafft haben, überlegen Sie bitte genau, ob Sie einige *Stressfaktoren reduzieren* oder ganz aus Ihrem Leben verbannen können. Grundvoraussetzung hierfür ist, dass Sie herausfinden, was Ihnen wirklich wichtig ist und was Sie erreichen wollen. Gerade, wenn man gestresst ist, verliert man leicht den Überblick. Verschaffen Sie sich in aller Ruhe *Klarheit über Ihre Ziele* und richten Sie Ihr Leben danach aus:

- Welche Ziele verfolge ich – beruflich und privat?
- Was will ich erreichen?
- Wo will ich stehen – in einem Monat, in einem Jahr, in fünf Jahren?
- Was ist mir wirklich wichtig?

»Anfangen ist leicht,
Beharren ist Kunst.«

Deutsches Sprichwort

Erst, wenn Sie sich im Klaren darüber sind, was Sie wirklich wollen, können Sie Ihre Kräfte ganz gezielt einsetzen. Und: Sie sind schlicht und einfach gezwungen, *Prioritäten zu setzen und Aufgaben abzugeben.* Streichen Sie konsequent Überflüssiges, und lassen Sie sich nicht länger mit unnötigen Aufgaben und Verantwortlichkeiten überladen.

»Nichts ist schwerer und nichts erfordert mehr Charakter, als laut Nein zu sagen!« Halten Sie es mit *Kurt Tucholsky:* Haben Sie den Mut, »Nein« zu sagen. Falls Sie aber aus gewichtigen Gründen eine zusätzliche Aufgabe übernehmen, dann beachten Sie unbedingt die *Plus-Minus-Null-Regel:* Geben Sie für jede neue Aufgabe eine alte ab. Addieren Sie niemals, ohne an anderer Stelle zu subtrahieren!

Gutes gegen Stress

Natürlich lässt sich Stress nicht immer vermeiden, aber *Stress zu haben*, ist ja auch nicht das eigentliche Problem. Das Problem ist, dass wir gerade in Stresszeiten versäumen, genügend Freiräume zum *Stressabbau* und zum *Stressausgleich* zu schaffen. Dabei gibt es viele schnell wirksame Strategien, um den Stress in seine Schranken zu weisen:

Bewegung gegen Stress

Der beste Weg aus der Stressfalle ist immer noch *Bewegung*. Auch wenn man sich müde und schlapp fühlt: Bewegung hilft, negative Energien abzubauen – regelmäßig, am besten täglich. Besonders geeignet zum Stressabbau sind *Ausdauersportarten* wie Joggen, Schwimmen, Rad fahren oder Walken. Ganz wichtig: Lassen Sie den Sport nicht auch noch zum Stress werden; setzen Sie sich nicht unter Zeit- und Leistungsdruck!

Nutzen Sie jede noch so kleine Möglichkeit, sich zu bewegen. Nehmen Sie mal wieder die Treppe, machen Sie einen Spaziergang während Ihrer Mittagspause oder telefonieren Sie im Stehen, das ist gut für Ihre Wirbelsäule und lässt Ihre Stimme klar und kräftig klingen.

> **Praxis-Tipp**
> Gönnen Sie Ihrem Körper regelmäßig Bewegung. Beginnen Sie mit einem langsamen Ausdauersport wie Walken oder Rad fahren. So kann der Körper Stresshormone besser abbauen. Schon nach wenigen Wochen werden Sie erleben, dass
>
> - sich Ihre Herzfrequenz stabilisiert,

- sich Ihr Blutdruck normalisiert,
- Ihr Kopf frei wird,
- Sie besser schlafen können,
- Sie gelassener werden und Ihre Stimmung sich hebt,
- Ihr Immunsystem sich regeneriert und Sie ein ganzheitlich besseres Körpergefühl entwickeln.

Und: Nehmen Sie *Massagen*. Auch auf diese Weise lösen sich die Verspannungen Ihrer Muskulatur.

Natur gegen Stress

Gehen Sie so oft wie möglich hinaus in die Natur. Frische Luft ist ein wahres Wundermittel gegen Stress. Lassen Sie Ihre Sorgen mit dem Wind davonfliegen und nehmen Sie die Energie der Sonne in sich auf. Nicht vergessen: Sorgen Sie auch während der Arbeit für ausreichend Frischluft und öffnen Sie mehrmals täglich das Fenster.

Reden gegen Stress

Reden Sie sich den Stress von der Seele. Suchen Sie sich einen Zuhörer, der Sie nicht mit gut gemeinten, aber unbrauchbaren Ratschlägen nervt. Natürlich möchte ich Sie damit nicht auffordern, eine Quasselstrippe zu werden, die Freunden und Bekannten ständig etwas vorjammert.

Ein befreundeter Manager redet sich den Stress bevorzugt im Auto von der Seele. Wenn er besonders gestresst ist, steuert er einen Parkplatz an und wettert und schimpft mit einem imaginären Gesprächspartner. Im Zeitalter des

Mobiltelefons fällt er dabei gar nicht weiter auf. Nach einem reinigenden Selbstgespräch steigt er aus, lüftet den Wagen durch und fährt wesentlich entspannter weiter. Vielleicht probieren Sie es auch einmal?

Lachen gegen Stress

Lachen ist gesund und wirkt hervorragend gegen Stress. Der Grund: Beim Lachen werden nicht nur *Glückshormone freigesetzt,* sondern Lachen hemmt auch die Produktion der Stresshormone Adrenalin und Cortisol. Gleichzeitig sorgt Lachen für eine bessere Sauerstoffzufuhr. Sie atmen automatisch tiefer ein, und der Gasaustausch in der Lunge vervierfacht sich. Zudem macht Lachen glücklich – eine Minute Lächeln hebt nachweislich die Stimmung. Also: *Keep smiling!*

Abschalten gegen Stress

Gönnen Sie sich Ruhe. Nehmen Sie sich kleine Auszeiten, verbringen Sie diese aber nicht vor dem Fernseher. Beruhigen Sie Ihren Geist. Überfüttern Sie Ihr Gehirn nicht mit immer neuen Bildern und Informationen, sondern schalten Sie bewusst ab.
  Richten Sie sich einen *Ruheort* ein. Es muss nicht immer ein eigener Raum sein, ein bequemer Sessel oder eine Hängematte reichen voll und ganz. Ganz wichtig: Hier wird nicht gearbeitet – keine Akten, kein Stress. Hier ist nur Raum für Entspannung.

Pausen gegen Stress

Nach etwa zwei Stunden Arbeit sinkt Ihre Leistungskurve steil nach unten. Idealerweise sollte man dann eine 20-*minütige Pause* einlegen, doch wer kann das schon? Gönnen Sie sich aber wenigstens einen kurzen Moment des Entspannens. Stehen Sie auf, gehen Sie ein paar Schritte und lockern Sie Ihre Schultern.

Wichtig sind aber auch die »*großen Pausen*«. Machen Sie jedes Jahr mindestens zwei bis drei Wochen Urlaub am Stück und gönnen Sie sich hin und wieder mal ein langes Wochenende oder einen Kurzurlaub.

Richtig essen gegen Stress

Stress entzieht dem Körper Vitamine und Mineralstoffe. Greifen Sie in Stress-Situationen also vor allem zu frischem Obst, Vollkornprodukten und Gemüse.

Gönnen Sie sich alle zwei bis drei Stunden eine kleine *Zwischenmahlzeit:* ein Joghurt, Vollkornkekse oder eine Banane. So umgehen Sie auch das Hungerloch am Mittag, das mit Unmengen von Kalorien gestopft werden will. Gelegentlich spricht auch nichts gegen einen Hamburger, wenn Ihnen nun mal danach ist. Aber es sollte nicht täglich Fast Food sein.

Achten Sie stattdessen auf eine bewusste, abwechslungsreiche und vor allem genussvolle Ernährung. Nehmen Sie sich *Zeit beim Essen,* denn selbst die gesündeste Mahlzeit bringt wenig, wenn sie nur heruntergeschlungen wird.

Wasser gegen Stress

Wir alle trinken eindeutig zu wenig, dabei ist Wasser das Elixier gegen Stress. Trinken Sie *täglich mindestens zwei Liter Wasser,* es spült den Stress förmlich aus Ihrem Körper.

Zudem können Sie Ihr Nervensystem mit Wasser überlisten: Trinken Sie *ein Glas Wasser,* und zwar so schnell wie nur möglich. Durch das Schlucken wird der Parasympathicus, der Nerv, der für Ihre Entspannung zuständig ist, angeregt, und die Anspannung lässt merklich nach.

Vielleicht können Sie Ihre Firma dazu anregen, einen *Wasserspender* oder Watercooler zu installieren – möglichst an einem stark frequentierten Ort. Im Vorbeigehen nimmt man gerne mal ein Schlückchen, und das summiert sich.

Noch mehr Wasser gegen Stress

Der ideale Ausklang für einen stressigen Tag ist ein *Vollbad.* Verwandeln Sie Ihr Badezimmer in eine *Wohlfühloase.* Gedämpfte Beleuchtung oder Kerzenlicht sorgen für heimelige Stimmung. Wohlige Wärme und duftende Badezusätze sind Balsam für die Seele. Nehmen Sie Ihr Lieblingsbuch mit in die Wanne und lassen Sie sich alle Zeit der Welt.

Atmen gegen Stress

Ist man gestresst, atmet man zu hastig und zu flach, und der Körper bekommt entschieden zu wenig *Sauerstoff*. Atmen Sie in Stress-Situationen deshalb ganz bewusst ein und aus: Das wirkt wie eine Sauerstoffdusche. Besonders wichtig ist das Ausatmen. *Bewusstes langes Ausatmen* lässt Ihren Kalziumspiegel ansteigen; Sie werden ruhig und entspannt. Atmen Sie tief ein und ganz langsam – etwa 10 bis 15 Sekunden – aus. Konzentrieren Sie sich ganz bewusst auf Ihren Atem.

Egal, wie perfekt Sie Ihre Zeit einteilen, egal wie viele Methoden zum Stressabbau Sie auch beherrschen: Ohne Stress geht es nicht. Ein gewisses Maß an Stress weckt den Geist, aktiviert den Körper und gibt uns die nötige Kraft, um schwierige Aufgaben zu bewältigen. *Doch Stress darf nicht zum Dauerzustand werden!*

Hoffen Sie nicht darauf, dass der Stress von alleine nachlässt, und verdrängen Sie ihn nicht, sondern stellen Sie sich Ihrem Stress ganz bewusst. Durchbrechen Sie die Stress-Spirale: Lassen Sie nicht zu, dass Sie überhaupt nicht mehr zur Ruhe kommen und Stress immer neuen Stress hervorruft.

Ihr Weg zum Glück

»Meine Philosophie ist:
Jeder Tag ist ein neuer Tag.«

Andy Warhol

Zu viel Stress verhindert Erfolg, nagt am Band der Beziehungen und macht uns krank. Das richtige Maß an Stress jedoch aktiviert uns zu Höchstleistungen, treibt Körper und Geist an. Doch wie findet man das »richtige Maß« vom »richtigen Stress«?

Vom Stress in den Flow

Positiver Stress, *Eustress* genannt, lädt uns mit Energie auf, entzündet den Schaffensdrang, macht konzentriert, setzt ungeheure Kreativität frei, erfüllt mit Freude und Optimismus – *Glück pur*. Man geht völlig in seinem Tun auf. Unser Fühlen, unser Wollen und unser Denken sind im Einklang. Die Dinge scheinen wie von selbst zu gehen: Alles um einen herum verschwimmt, und weder Sorgen noch Zeit spielen eine Rolle. Man fühlt sich eins mit sich und der Umwelt, das Verhältnis von Herausforderung und Können stimmt, man hat Erfolg und genießt ihn auch.

Kennen Sie dieses Gefühl? Viele Menschen erleben diesen Zustand, wenn sie sich ihrem Hobby widmen oder beim Sport. Diesen berauschenden Glücksmoment nennt der Psychologe *Mihaly Csikszentmihalyi* »Flow«. In langjährigen, intensiven Studien rund um den Globus hat sich *Csikszentmihalyi* dieser ganz besonderen Form des Glücks gewidmet.

Flow-Erfahrungen kommen nur dann zustande, wenn man sich Herausforderungen stellt und sich auch auf ein gewisses Maß an Stress einlässt, dieser aber nicht die Überhand gewinnt. Am effektivsten leben und arbeiten Sie, wenn es Ihnen gelingt, Stress mit Gelassenheit zu begegnen: Dann haben Sie die ideale Ausgangsposition, um in den Flow-Zustand zu gelangen.

So finden Sie Ihren Flow

- *Erkennen Sie, was Sie wirklich wollen* – Sie ganz persönlich: nicht Ihr Chef, Ihr Partner, Ihre Freunde oder Kinder. Suchen Sie Herausforderungen – privat und beruflich –, die Ihnen am meisten Spaß machen. Werden Sie »eigen-sinnig«.
- *Setzen Sie sich klare und erreichbare Ziele.* Stecken Sie diese Ziele so ab, dass Sie Ihre Fähigkeiten voll ausspielen können. Achten sie darauf, dass die Herausforderung minimal höher ist als Ihr Können. Die Bewältigung der Aufgabe muss Sie fordern, darf Sie aber nicht überfordern.
- *Verzetteln Sie sich nicht* – weniger ist oft mehr: Lieber eine Sache mit ganzem Herzen betreiben, als viele Dinge eher halbherzig anzugehen. Konzentrieren Sie sich auf Ihre Stärken.
- *Nicht vergessen: Feedback einplanen!* Rückmeldungen dienen nicht nur der Kontrolle, sondern verschaffen auch Erfolgser-

lebnisse. Am einfachsten ist es, wenn Sie sich selbst Teilziele setzen.
- *Behalten Sie die Kontrolle:* Sie wissen, was zu tun ist. Doch Ihnen muss auch klar sein, dass nicht immer alles nach Plan läuft. Und gerade dieses Wissen setzt zusätzliche Energie und Konzentration frei.
- *Schweifen Sie nicht ab* – konzentrieren Sie sich voll und ganz auf das, was Sie gerade tun.
- *Feiern Sie jeden noch so kleinen Erfolg.* So wachsen Sie auch an den scheinbar einfachen Dingen, die Sie gemeistert haben.
- *Achten Sie auf Ihr körperliches Wohlbefinden.* Nur wer sich wohl fühlt, kann den Flow erreichen.
- *Suchen Sie den Flow nicht nur in Ihrer Freizeit.* Studien belegen, dass viele Menschen gerade bei der Arbeit ihr Flow-Erlebnis haben.

Erfolgsgeheimnis: Flow

Erfolgreiche Menschen sammeln Flow-Erlebnisse, denn

- alles, was sie tun, tun sie mit Leidenschaft,
- Erfolg steht bei ihnen nicht im Vordergrund, er stellt sich quasi wie von selbst ein,
- sie haben Freude an neuen Herausforderungen,
- sie akzeptieren ihre Schwächen, weil sie ihre Stärken kennen,
- sie haben eine positive Lebenseinstellung und eine gewinnende Ausstrahlung.

Achtung: Wer den Flow einmal erlebt hat, schwebt in Gefahr, immer mehr davon zu wollen. Das kann zu regelrechten Entzugserscheinungen und ständiger Überforderung führen. Deshalb sollten wir unser *Glück nicht auf Flow-Erlebnisse reduzieren.* Der Erwartungsdruck ist einfach zu hoch, sodass Urlaube, Feste, Freizeitaktivitäten oder Erfolgserlebnisse schnell zu langweiligen Plagiaten gängiger Glücksklischees werden. Und dann endet die Jagd nach dem Glück mit enttäuschten Erwartungen, Überdruss und Erschöpfung.

Stehen Sie Ihrem Glück nicht im Weg

»Die Kunst glücklich zu sein,
liegt in der Beschränkung.«
Wilhelm Schmid

Wieso laufen so viele Menschen ihrem Glück hinterher und haben dabei das Gefühl, niemals anzukommen? Möglicherweise ist ihr Anspruch an das Glück einfach zu hoch.

Wir neigen dazu, Glück als Dauerzustand anzustreben, möchten Schmerz und Traurigkeit keinen Platz in unserem Leben einräumen. Aber wer ständig auf der Suche nach dem ultimativen Glückserlebnis ist, wird nie richtig glücklich. Dabei könnte Glück so einfach sein: Wenn wir auf unsere *innere Stimme* hören, können wir erkennen, was wir wirklich brauchen, und das ist oft weit weniger als wir zunächst glauben.

Zahlreiche Studien bestätigen: *Zu viel von allem macht unglücklich*. Zwei Autos, drei Fernseher, fünf Uhren, ein überladener Schreibtisch und ein randvoller Terminkalender – wer zu viel mit sich herumschleppt, lässt dem Glück keinen Raum. Zu viele Dinge, zu viele Aufgaben, zu viel Rummel, all das bringt kein Glück, sondern schafft Stress. Weniger ist eben mehr – mehr Glück.

Warum sehnen wir uns immer mehr nach den einfachen Dingen des Lebens? Das hat weniger mit Konsumverweigerung, Minimalismus oder Askese zu tun. Vielmehr ist es der Wunsch nach einer entspannten Lebensart, nach einem Leben, in dem Werte wieder einen Platz haben. Immer mehr Menschen stellen fest, dass ihre großen Lebensziele wie Erfolg, Ansehen und Besitz *kein* Synonym für Glück bedeuten. Oft erfolgt diese Erkenntnis jedoch erst, wenn die Beziehung in die Brüche geht, sich in Notsituationen kein echter Freund findet, der mit uns redet, oder der Körper massive gesundheitliche Warnschüsse abgibt.

Test: Was bedeutet Glück für Sie?

Der kleine Glücks-Test kann Ihnen helfen zu erkennen, ob Sie Ihres »Glückes Schmied« sind. Vergeben Sie dazu jeweils Punkte, je nachdem, welche der drei Antworten am ehesten auf Sie zutrifft:

Grundsätzlich ja	2 Punkte
Manchmal	1 Punkt
Nein	0 Punkte

1. Streben Sie nach *Wohlstand*? Glauben Sie, dass mehr Geld glücklicher macht? ○
2. Leisten Sie sich gerne *schöne Dinge*? Glauben Sie, dass beispielsweise ein High-Tech-Fernseher Ihnen langfristig mehr Freude bringt als ein Theater- oder Kinobesuch? ○

3. Vergleichen Sie Ihre Ziele und Lebensumstände mit denen *anderer*? Glauben Sie, dass es Ihnen hilft, sich an materiell besser Gestellten zu orientieren? ○
4. Möchten Sie *noch erfolgreicher* in Ihrem Beruf werden? Glauben Sie, dass eine Beförderung Sie glücklicher macht? ○
5. Wägen Sie *jedes Risiko* genau ab? Glauben Sie, dass man glücklicher lebt, wenn man auf Nummer Sicher geht? ○
6. Besuchen Sie *viele Partys* und gesellschaftliche Events? Glauben Sie, dass ein großer Bekanntenkreis zu Ihrem Glück beiträgt? ○

Bitte addieren Sie Ihre Punktzahl: ___.
- Haben Sie *weniger als sechs Punkte* erreicht – Gratulation! Sie sind auf einem guten Weg, Ihr Glück zu machen.
- Bei *mehr als sechs Punkten* sollten Sie unbedingt weiterlesen, um zu erkennen, wie Sie Ihrem Glück auf die Spur kommen können.

Hindernisse auf dem Weg zum Glück

Es ist wichtig, dass Sie *etwas für Ihr Glück tun*, mindestens ebenso wichtig ist es aber, Dinge zu meiden, die Ihrem Glück im Weg stehen. Das können sein:

Alles wollen. Glück kann man nicht kaufen. Ein dickes Bankkonto und Luxus sind keine Garantie für ein glückliches Leben. Selbst der sündhaft teure Sportflitzer wird für Sie früher oder später nicht mehr als ein Auto sein. Wahres Glück zeigt sich in der Freude an einfachen Dingen, die man meist nicht kaufen kann.

Neid. Immer nur neidvoll auf diejenigen zu blicken, die finanziell besser gestellt sind, macht keinesfalls glücklich. Neid ist vielmehr die Garantie für dauerhaftes Unglücklichsein. Richten Sie Ihre Aufmerksamkeit auf Menschen, die weniger haben als Sie, und seien Sie dankbar, dass es Ihnen besser geht. Dankbarkeit ist der Schlüssel zum Glück.

Unerreichbare Ziele. Zu hoch gesteckte Ziele führen nicht zum Erfolg, sondern direkt ins Unglück. Peilen Sie daher keine Ziele an, die nicht Ihren Fähigkeiten oder Ihren zeitlichen und finanziellen Möglichkeiten entsprechen. Mit jeder enttäuschten Erwartung sinkt die Motivation, seine Ziele doch noch zu erreichen. Am Ende bleibt Frust statt Glück.

Safety first. Wer selten etwas wagt, minimiert sicherlich das Risiko, doch Psychologen haben herausgefunden: Immer auf Nummer sicher gehen, lässt keine Gefahr, aber auch keine Glücksgefühle aufkommen. Wer nie scheitert, der kann sich nicht entwickeln, und er kann nicht glücklich werden, denn ihm fehlt die Erfahrung der eigenen Stärke, die Mut macht und Selbstvertrauen gibt. Also, riskieren Sie auch einmal etwas für Ihr Glück.

Falsche Freunde. Wer sich nur mit oberflächlichen Bekanntschaften umgibt, für den besteht akute Glücksgefahr. Nur echte Freundschaften vermitteln ein Gefühl von Geborgenheit und führen zum Glück. Umgeben Sie sich mit Menschen, die Sie inspirieren und motivieren, und meiden Sie ewig nörgelnde Miesepeter.

Sagen Sie »JA« zum Glück

»Glück wird um seiner selbst angestrebt, während jedes andere Ziel – Gesundheit, Schönheit, Geld oder Macht – nur geschätzt wird, weil man erwartet, dass es glücklich machen wird.«
Aristoteles

Viele glauben, wer Glück hat, müsse von hehren Mächten begünstigt sein. Doch Glück ist weder Zufall noch Schicksal, sondern etwas, das man sich hart erkämpfen muss. Es lässt sich nicht auf Knopfdruck herbeiführen und erst recht nicht gewaltsam festhalten. Glück ist nur eine Momentaufnahme, die leider allzu schnell vergeht. Deshalb müssen wir uns auch immer wieder aufs Neue um unser Glück bemühen. *Glücklich sein ist keine Glückssache:* Glück steht jedem offen, es wartet buchstäblich überall, wir müssen es nur für uns entdecken – *hier und jetzt!*

Auch gilt: *Glück ist nicht gleich Glück.* Was für den einen das pure Glück bedeutet, ist für den anderen vielleicht eine grauenhafte Vorstellung. Oder würden Sie es als Glück bezeichnen, bei Windstärke acht auf dem Atlantik zu surfen?

Natürlich sollten Sie auch mit einer glücklichen Zukunft rechnen, das heißt aber nicht, dass Sie Ihr Glück ganz in die Zukunft verschieben dürfen. Warten Sie nicht auf die Beförderung, die Liebe Ihres Lebens oder einen Lottogewinn. Suchen Sie Ihr Glück *hier und jetzt.* Freuen Sie sich über die schönen Dinge des Alltags – ein ehrlich gemeintes Kompliment, ein schönes Abendessen, ein fröhlicher Nachmittag in geselliger Runde.

Kleine Freuden und gute Freunde sind wichtiger als alle Statussymbole, denn obwohl in den letzten Jahrzehnten der Wohlstand in der westlichen Welt enorm gestiegen ist, sind die Menschen heute nicht glücklicher als vor 30 oder 40 Jahren. Häuser, Autos und Designerkleidung sind eben keine Garantie für Glück. Wir wollen immer mehr, und wenn wir es dann bekommen haben, können wir uns nicht richtig darüber freuen. Das Glück liegt in den kleinen Dingen, an denen wir oft achtlos vorbei gehen. Betrachten Sie Ihre Umgebung also mit offenen Augen: die Blumen im Vorgarten, das Gezwitscher der Vögel, den Sonnenaufgang beim Brötchenholen – *Glück kann so einfach sein.*

Praxis-Tipp
Führen Sie mindestens einen Monat lang ein *»Wie ich mich fühle-Tagebuch«:* Halten Sie fest, welche Gefühle bestimmte Situationen, Orte und Menschen bei Ihnen auslösen. Notieren Sie alle Augenblicke, in denen Sie sich gut fühlen: das erfolgreich abgeschlossene Projekt, das Sie über Wochen beschäftigt hat; den kurzen Moment, als Sie auf der Bank im Park den Geruch Ihrer Kindheit wiedergefunden haben und unbeschwerte Sommerferientage vor Ihrem geistigen Auge lebendig wurden; die Tasse Cappuccino mit der ehemaligen Nachbarin, die Sie schon ewig nicht mehr gesehen hatten ...

Aber seien Sie ehrlich zu sich selbst: Notieren Sie auch, dass Sie die Einladung zum Essen angenommen haben, obwohl Sie sich doch viel lieber das Fußballspiel im Fernsehen angeschaut hätten.

Mithilfe des *»Wie ich mich fühle-Tagebuchs«* können Sie erkennen, wann, wo und mit wem Sie am glücklichsten sind. Sie finden heraus, was oder wer Sie am meisten motiviert, wann Ihre Selbstachtung besonders hoch ist, was Sie traurig oder wütend macht oder Sie demotiviert.

Froh zu sein bedarf es wenig

Unzufriedenheit liegt voll im Trend. Perfektion ist das Maß aller Dinge, und das Beste ist gerade gut genug. Selten sind wir mit dem zufrieden, was wir haben. *Doch wer unzufrieden ist, kann nicht glücklich sein.*

Üben Sie sich doch wieder einmal in Genügsamkeit. Brauchen Sie wirklich all die Dinge, die Sie sich wünschen? Sie werden sehen, die Antwort lautet meistens: »Nein«.

Denken auch Sie, Abwechslung macht glücklich? Da irren Sie: Wissenschaftler haben herausgefunden, dass Neues uns nur kurzfristig Hochgefühle bescheren kann. Was zunächst langweilig erscheinen mag, garantiert Glück pur: der Kochkurs, der wöchentliche Judoabend oder der Stammtisch. Allein die Vorfreude auf diese lieb gewonnenen Gewohnheiten macht uns glücklich. Also: *Geben Sie dem Glück einen Termin* und richten Sie Ihren Alltag so ein, dass es immer etwas gibt, worauf Sie sich freuen können.

Seinem Ärger lautstark Luft zu machen, mag manchmal befreiend wirken. Doch auf Dauer werden Sie so zum Sklaven Ihrer negativen Emotionen.

Haben Sie Mut zur Gelassenheit. Nehmen Sie die Dinge, die nun mal nicht zu ändern sind, hin. Hoffen Sie auf die Zeit oder einen rettenden Einfall. Wer gelassen ist, kann sein Leben mit Humor betrachten – und wer lacht, ist auf dem besten Weg, sein Glück zu finden.

Glück ist, in der Tageszeitung zu schmökern oder gemütlich vor dem Fernseher zu hocken – weit gefehlt: Medien machen ihre Quoten mit Katastrophen, Mord und Totschlag, und das färbt ab. Halten Sie negative Nachrichten daher möglichst von sich fern – in jedem Fall sollten Sie vor dem Schlafengehen auf die Spätnachrichten verzichten. Legen Sie stattdessen eine Entspannungs-CD auf oder lesen Sie sich mit ein paar Seiten aus einem guten Buch in glückliche Träume.

Einfach nichts tun, nur entspannen – was für ein Glück? Im Gegenteil: Über kurz oder lang versinken wir in Langeweile und sind alles andere als glücklich. Nur wenn unser Gehirn aktiv ist, produziert es Glückshormone und stellt alle Weichen auf Glück. *Helfen Sie Ihrem Glück deshalb auf die Sprünge* – beim Sport, bei der Gartenarbeit oder beim Spazierengehen. Stecken Sie Ihre Ziele aber nicht zu hoch, sonst stehen Sie unter Leistungsdruck, und das Glück hat keine Chance.

> *Praxis-Tipp*
> Reservieren Sie eine Schublade für Ihr Glück – egal ob zu Hause oder im Büro. Bestücken Sie Ihre *Glücksschublade* mit Ihren ganz persönlichen Glücksbringern: Ihren Lieblingsleckereien, einem lieb gewonnenen Foto, einem Brief von einem guten Freund ... Kramen Sie immer, wenn Sie sich nicht gut fühlen, in Ihrer Glücksschublade, und schon bald wird es Ihnen wieder besser gehen.

Geben Sie Ihrem Glück doch eine Chance

Es ist nicht so, dass manche Leute mehr Glück haben als andere. Glückliche Menschen gehen einfach nur anders mit den Schattenseiten in ihrem Leben um. Sie fragen nicht: »Warum ist ausgerechnet mir das passiert?« Sie sind stattdessen bereit, Probleme als Teil ihres Lebens zu akzeptieren. Sie laufen nicht davon, sondern packen Schwierigkeiten mit einer gehörigen Portion Zuversicht an. Sie wissen: *Jedes gelöste Problem bringt uns unserem Lebensziel ein Stück näher.*

Nehmen Sie die Veränderungen, die Ihre Lebensvision »einfach glücklich sein« erfordert, noch heute in Angriff. Schaffen Sie die Voraussetzungen für viele neue Glücksmomente – *Ihr Glück liegt ganz allein in Ihren Händen.*

Zeitmanagement für ein Leben in Balance

»Lerne loszulassen,
ohne deine Wünsche aufzugeben.
Das ist der Schlüssel zur Befreiung.«
Fernöstliche Weisheit

Die Balance in Ihrem Leben fällt nicht einfach so vom Himmel. Sie müssen selbst dafür sorgen, dass die vier Lebensbereiche Arbeit, Körper, soziale Kontakte und Sinn im Gleichgewicht sind. Stellen Sie sich immer wieder die Frage: »*Was ist mir wirklich wichtig in meinem Leben?*« Voraussetzung für ein ausgeglichenes und glückliches Leben ist die Fähigkeit, sich zu entscheiden – Tag für Tag eine bewusste Auswahl zu treffen und möglichst die Dinge zu tun, die uns am Herzen liegen. Nehmen Sie sich Zeit für sich, für die Menschen, die Ihnen etwas bedeuten, für Ihre Wünsche und Sehnsüchte!

Missbrauchen Sie Zeitmanagement nicht als Instrument, um noch mehr Leistung in immer kürzerer Zeit zu bringen. Sehen Sie es als Chance, *Zeitsouveränität zu entwickeln.* Nutzen Sie die gewonnenen Freiräume für Ihre ganz *persönliche Balance.* Achten Sie stets darauf, dass Ihre Karriereplanung mit Ihren persönlichen Interessen und Lebenszielen harmoniert.

In diesem Sinne wünsche ich Ihnen ganz viel *Zeit.*

Ihr *Lothar J. Seiwert*

Ich wünsche dir Zeit

Ein Gedicht von Elli Michler

Ich wünsche dir nicht alle möglichen Gaben.
Ich wünsche dir nur, was die meisten nicht haben:
Ich wünsche dir Zeit, dich zu freun und zu lachen,
und wenn du sie nützt, kannst du etwas draus machen.

Ich wünsche dir Zeit für dein Tun und dein Denken,
nicht nur für dich selbst, sondern auch zum Verschenken.
Ich wünsche dir Zeit, nicht zum Hasten und Rennen,
sondern die Zeit zum Zufriedenseinkönnen.

Ich wünsche dir Zeit, nicht nur so zum Vertreiben.
Ich wünsche, sie möge dir übrig bleiben
als Zeit für das Staunen und Zeit für Vertraun,
anstatt nach der Zeit auf der Uhr nur zu schaun.

Ich wünsche dir Zeit, nach den Sternen zu greifen,
und Zeit, um zu wachsen, das heißt, um zu reifen.
Ich wünsche dir Zeit, neu zu hoffen, zu lieben.
Es hat keinen Sinn, diese Zeit zu verschieben.

Ich wünsche dir Zeit, zu dir selber zu finden,
jeden Tag, jede Stunde als Glück zu empfinden.
Ich wünsche dir Zeit, auch um Schuld zu vergeben.
Ich wünsche dir: Zeit zu haben zum Leben!

Quelle: Elli Michler: Ich wünsche dir Zeit. Die schönsten Gedichte von Elli Michler. München: Don Bosco, 2003

Elli Michler über Zeit und Poesie

Als ich *Elli Michler* anschrieb und um die Genehmigung zum Abdruck ihres Gedichtes in meinem Buch bat, fragte ich sie auch, was sie bewegt hat, dieses Gedicht zu schreiben. Denn seit ich »*Ich wünsche dir Zeit*« zum ersten Mal gelesen habe, spricht mich die Einfachheit und Klarheit der Sprache immer wieder an. Und: Der intensive Text ist von einer ursprünglichen Kraft, die Aussage von einer erstaunlichen Vollständigkeit über die Kostbarkeit der Zeit.

»Ich wollte, inmitten der vielen Negativismen unserer Zeit, den von Ängsten und Hektik getriebenen Menschen mit den Möglichkeiten der Lyrik zu innerer Ruhe und zu einer positiven Sicht der Lebensprobleme verhelfen«, so *Elli Michler* in ihrem Antwortschreiben. »Schreiben ist für mich nicht nur eine schöngeistige Beschäftigung, sondern auch Sinngebung und Lebenshilfe. Ich versuche, mit meinen Gedichten die Last des Negativen aufzubrechen, Lebensbejahung durch Lebensreife zu vermitteln, Zuversicht und Ermutigung zu geben und für ein humanes, menschlich erträgliches Miteinander einzutreten. Keinesfalls aber konnte es der Sinn meines »*Zeit*«-*Gedichtes* sein, lediglich die Klage über den Mangel an Zeit zu bekräftigen, sondern vielmehr die Menschen an einen besseren Umgang mit ihrer Zeit zu erinnern und sie zum Nachdenken zu motivieren.«

In einer Zeit, in der Lyrik und Verse nahezu unverkäuflich sind, hat Elli Michler mit ihrer Poesie sensationelle Erfolge zu verzeichnen. Inzwischen gehört die 81-jährige Dame, die erst mit 65 Jahren ihre literarischen Ambitionen ausleben konnte, mit über 200 000 verkauften Gedichtbänden zu den erfolgreichsten Schriftstellerinnen Deutschlands. Unzählige Menschen auf der ganzen Welt hat der Text ihres Zeit-Gedichtes seit seinem Erscheinen 1989 in der Wunschgedichte-Sammlung »Dir zugedacht« bis heute in seinen Bann gezogen – »*ein Jahrhundert-Gedicht*«, so der Rezitator und Schauspieler *Baldur Seifert,* als es nach seiner Ausstrahlung im Südwest-Rundfunk eine noch nie da gewesene Reaktion bei den Hörern hervorgerufen hat.

»Die außergewöhnliche Resonanz auf mein Gedicht ›Ich wünsche dir Zeit‹ bestätigt mir, dass die Menschen in ihrem Getriebensein vom Terminkalender, von Hektik und Alltagsstress, keinen sehnlicheren Wunsch haben als den nach mehr Zeit.«

»Deshalb«, so *Elli Michler* weiter, »freut es mich besonders, dass das vorliegende Werk von *Lothar J. Seiwert* ›Wenn du es eilig hast, gehe langsam‹ die nötigen Schritte zur Zeitsouveränität und Effektivität auch im praktischen Leben aufzeigt und damit zur Erfüllung des Wunsches nach mehr Zeit beiträgt.«

Danke!

Ein Buch stellt meist die Leistung nicht nur einer einzelnen Person dar. Auch wenn der Autor allein auf dem Buchdeckel steht und alles Inhaltliche zu verantworten hat, haben doch andere direkt und auch indirekt dazu beigetragen. Ihnen allen möchte ich ausdrücklich *Danke!* sagen:

Danke an *Dr. Ann McGee-Cooper* und *Duane Trammel*, Ann McGee-Cooper and Associates in Dallas/Texas, für unsere Gespräche, Erfahrungsaustausche und eure hilfreiche Co-Autorenschaft bei einem wichtigen Kapitel dieses Buches.

Danke an *Brian Tracy,* meinen geschätzten Kollegen und guten Freund aus den Vereinigten Staaten, für dein sehr persönliches und vor allem motivierendes Vorwort.

Danke an *Dr. Stephen R. Covey* und *Hyrum Smith*, Chairmen der FranklinCovey Company, Salt Lake City/Utah und Provo/Utah, sowie *Roger Merrill*, FranklinCovey Company, für die persönlichen Begegnungen und Inspirationen aus ihren Büchern, dass der Weg zu einem Zeitmanagement der neuen Generation der richtige ist.

Danke an *Peter F. Drucker* für die wegweisenden, mehr denn je gültigen Ausführungen zur Effektivität der Führungskraft.

Danke an die REWE Group AG, Köln, *Alfred Kriegel* und *Jürgen Billerbeck*, für unsere langjährige Zusammenarbeit und die gemeinsame, erfolgreiche Seminartätigkeit, bei der wir die angestrebte Balance von Arbeit und Freude, Leistung und Entspannung, beruflichen und privaten Prioritäten bereits realisieren konnten.

Danke an meine vielen *Seminarteilnehmer*, insbesondere in der REWE Group, für die Gelegenheit, in unseren Seminaren alle Konzepte, Übungen und Beispiele dieses Buches mit ihnen zusammen auszuprobieren und immer wieder zu verbessern.

Danke an *Schmidt Colleg GmbH* – Deutsches Unternehmer- und Führungskräfte-Colleg, Bayreuth, für die Genehmigung zum Abdruck der Fragebögen zur Lebens- und Jahresplanung.

Danke an Hermann-Institut-Deutschland, *Roland Spinola*, für deine Hinweise zu Hirndominanzen.

Danke an *Vera F. Birkenbihl* für deinen Tipp mit der Till-Eulenspiegel-Geschichte.

Danke an *Werner Tiki Küstenmacher* für deine anschaulichen, treffsicheren und sympathischen Cartoons.

Danke an *Ruth Riedel* und *Claudia Franz* von *buchkomplett* für die redaktionelle Unterstützung bei der kompletten Überarbeitung dieses Buches.

Danke an den Campus Verlag, *Christiane Meyer* und *Christina Mohr*, für die langjährige, gute Zusammenarbeit.

Danke an Sie, liebe *Leserin*, lieber *Leser*, dass Sie sich bis hierher vorgearbeitet oder gleich hinten angefangen haben, um Ihr berufliches und persönliches Zeit- und Lebensmanagement nachhaltig zu verbessern. Viel Erfolg für Ihr neues Leben in Balance.

Lothar J. Seiwert

Internet: *www.seiwert.de*
E-Mail: info@seiwert.de

Literatur

Abrahams, Jeffrey: THE MISSION STATEMENT BOOK. 301 Corporate Mission Statements from America's Top companies. (ohne Ort): Ten Speed Press, 1995

Adam, Barbara; Geißler, Karlheinz A. und *Held, Martin (Hrsg.):* DIE NON-STOP-GESELLSCHAFT UND IHR PREIS. Vom Zeitmissbrauch zur Zeitkultur. Stuttgart und Leipzig: S. Hirzel, 1998

Aigner, Carina und *Gaedemann, Claus:* MEHR ZEIT ZUM LEBEN. München: Knaur, 1996

Anthony, Robert: STARTBUCH FÜR LEBENSVERÄNDERER. Münsingen-Bern: Fischer, 1993

Babbitt, Dave und *Kathy:* DOWNSCALING. Simplify and Enrich your Lifestyle. Chicago: Moody Press, 1993

Backhaus, Klaus und *Bonus, Holger (Hrsg.):* DIE BESCHLEUNIGUNGSFALLE oder der Triumph der Schildkröte. 2. Aufl. Stuttgart: Schäffer-Poeschel, 1997

Baur, Eva Gesine: LEIDEN AN DER SCHNELLIGKEIT. Der Trend zur Langsamkeit (Sozio-psychologische Dokumentation im Auftrage der IWC). Schaffhausen/CH: International Watch Co. (IWC), Oktober 1996

Behrend, Heike: DIE ZEIT GEHT KRUMME WEGE. Raum, Zeit und Ritual bei den Tugen in Kenia. Frankfurt und New York: Campus, 1987

Berg, Wolfhart: RUNTERSCHALTEN! Die neue Lebenskunst: Weniger ist garantiert mehr. Landsberg a. Lech: mvg-Verlag, 1997

Birkenbihl, Vera F.: ERFOLGSTRAINING. Schaffen Sie sich Ihre Wirklichkeit selbst. 8. Aufl. Landsberg a. Lech: mvg-Verlag, 1997

Bolz, Norbert: DIE SINNGESELLSCHAFT. Düsseldorf: Econ, 1997

Braham, Barbara J.: LEBENSSINN UND PERSÖNLICHE ERFÜLLUNG.

Die 5 Blockaden – der Lebenszyklus – neue Dimensionen. Wien: Ueberreuter, 1994

Christiani, Alexander: MASTERPLAN ERFOLG. Persönliche Zielplanung – Tägliche Erfolgskontrolle. 2. Aufl. Wiesbaden: Gabler, 1997
- WECK DEN SIEGER IN DIR! In 7 Schritten zu dauerhafter Selbstmotivation. Wiesbaden: Gabler, 1997

Clairmont, Patsy u. a.: JOY BREAKS. 90 Devotions to Celebrate, Simplify and Add Laughter to Your Life. Michigan: Zondervan, 1997

Conrad, Pamela J.: BERUFS- UND PRIVATLEBEN IM GRIFF. Techniken für ein erfolgreiches Lebensmanagement. Wien: Ueberreuter, 1996

Covey, Stephen R.: DIE 7 WEGE ZUR EFFEKTIVITÄT. Prinzipien für privaten und beruflichen Erfolg. Neuausgabe. Offenbach: Gabal, 2005
- THE 7 HABITS OF HIGHLY EFFECTIVE FAMILIES. Building a Beautiful Family Culture in a Turbulent World. New York: Golden Books, 1997
- The 8TH HABIT. From Effectiveness to Greatness. New York u.a.: Free Press, 2004

Covey, Stephen R., Merrill, A. Roger und *Merrill, Rebecca R.:* DER WEG ZUM WESENTLICHEN. Zeitmanagement der vierten Generation. 5. Aufl. Frankfurt und New York: Campus, 2003

Crainer, Stuart: DIE ULTIMATIVE MANAGEMENTBIBLIOTHEK. 50 Bücher, die Sie kennen müssen. Frankfurt und New York: Campus, 1997

Csikszentmihalyi, Mihaly: DEM SINN DES LEBENS EINE ZUKUNFT GEBEN. Eine Psychologie für das 3. Jahrtausend. Stuttgart: Klett-Cotta, 2000
- FLOW. Das Geheimnis des Glücks. 10. Aufl. Stuttgart: Klett-Cotta, 2002

Dean, Amy E.: LIFEGOALS. Setting and Achieving Goals to Chart the Course of Your Life. 3. Aufl. Carson, CA: Hay House, 1992

Dilts, Robert B.: VON DER VISION ZUR AKTION. Visionäre Führungskunst. Paderborn: Junfermann, 1998

Dossey, Larry: SPACE, TIME AND MEDICINE. Boston: New Science Library, 1984

Drucker, Peter F.: THE EFFECTIVE EXECUTIVE. 5. Aufl. London: Heinemann, 1982

Eisenberg, Ronni, mit *Kelly, Kate:* THE OVERWHELMED PERSON'S GUIDE TO TIME MANAGEMENT. New York: Plume/Penguin, 1997

Enkelmann, Nikolaus B., mit *Burkart, Christiane:* ERFOLGSPRINZIPIEN DER OPTIMISTEN. Wünschen – Planen – Wagen – Siegen. 2. Aufl. Offenbach: Gabal, 1998

Fedrigotti, Antony: ZUM ERFOLG GEBOREN. So gestalten Sie Ihr Schicksal. 3. Aufl. Augsburg: Axent, 1995

Focus Magazin Verlag/Unternehmen Erfolg (Hrsg.): FOCUS-FORUM: DIE ERFOLGSMACHER. Von den Besten profitieren. Frankfurt und New York: Campus, 2004 (u. a. mit dem Beitrag »Life-Leadership« von Lothar J. Seiwert)

Fromm, Erich: HABEN ODER SEIN. Die seelischen Grundlagen einer neuen Gesellschaft. 25. Aufl. München: dtv, 1997

– VOM HABEN ZUM SEIN. Wege und Irrwege der Selbsterfahrung. 4. Aufl. München: Heyne, 1996

Geißler, Karlheinz A.: ZEIT. »Verweile doch, du bist so schön!« 2. Aufl. Weinheim und Berlin: Beltz-Quadriga, 1997

– ZEIT LEBEN. Vom Hasten und Rasten, Arbeiten und Lernen, Leben und Sterben. 2. Aufl. Weinheim und Berlin: Beltz-Quadriga, 1987

Gronemeyer, Marianne: DAS LEBEN ALS LETZTE GELEGENHEIT. Sicherheitsbedürfnisse und Zeitknappheit. 2. Aufl. Darmstadt: Primus, 1996

Helzel, Leo B.: EIN ZIEL IST EIN TRAUM MIT DEADLINE. Nachdenkliches für Unternehmer, Manager und andere Vordenker. Frankfurt und New York: Campus, 1997

Herrmann, Ned: DAS GANZHIRN-KONZEPT FÜR FÜHRUNGSKRÄFTE. Welcher Quadrant dominiert Sie und Ihre Organisation. Wien: Ueberreuter, 1997

Hoffman, Kaye: DAS JENSEITS IST JETZT. Zeitmanagement aus spiritueller Sicht. Sulzberg: Joy, 1995

Howald, Wolfgang und *Gottwald, Franz-Theo:* BEWUSSTSEINS-MANAGEMENT. Zeit-, Gesundheits- und Lifestyle-Management. Landsberg a. Lech: mvg-Verlag, 1996

Hüttemann, Frank: ZEITVERHALTEN UND ZEITVERSTÄNDNIS VON FÜHRUNGSKRÄFTEN IN ORGANISATIONEN. Frankfurt a. Main u. a.: Peter Lang, 1997

James, Tad: TIME COACHING. Programmieren Sie Ihre Zukunft ... jetzt! Paderborn: Junfermann, 1992

Jellouschek, Hans: MIT DEM BERUF VERHEIRATET. Von der Kunst, ein erfolgreicher Mann, Familienvater und Liebhaber zu sein. Stuttgart: Kreuz, 1996

Knoblauch, Jörg: TIPS FÜR TEMPUS-VIPS. 66 Möglichkeiten, Ihren Organizer noch effektiver zu nutzen. Giengen: Tempus, 1996

Koch, Richard: THE 80/20 PRINCIPLE. The Secret of Achieving More with Less. 2. Aufl. London: Nicholas Brealey Publishing, 1998

Levine, Robert: EINE LANDKARTE DER ZEIT. Wie Kulturen mit Zeit umgehen. München: Piper, 1998

Lockwood, Georgene: The Complete Idiot's Guide to ORGANIZING YOUR LIFE. New York: Alphy Books, 1996

Marquardt, Udo: DIE EINHEIT DER ZEIT BEI ARISTOTELES. Würzburg: Königshausen und Neumann, 1993

McGee-Cooper, Ann mit *Trammell, Duane:* TIME MANAGEMENT FOR UNMANAGEABLE PEOPLE. The Guilt-Free Way to Organize, Energize, and Maximize Your Life. New York u. a.: Bantam Books, 1994

McGee-Cooper, Ann, mit *Trammell, Duane* und *Lau, Barbara:* YOU DON'T HAVE TO GO HOME FROM WORK EXHAUSTED! A Program to Bring Joy, Energy and Balance to Your Life. New York u. a.: Bantam Books, 1992

Meynert, Lennart: LIFE MANAGEMENT. Live Better by Working Smarter. 4. Aufl. Harpenden, Herts: Oldcastle Books, 1989

Merriman, Rebecca K.: SIMPLY HAPPY. How to Simplify Your Life and Find Happiness. Highland City, FL: Rainbow Books, 1996

Minor IV, Herman: KARRIERE LIGHT. Die 7 Wege der Ineffektivität: Anleitung zum erfolgsgekrönten Nichtstun. Frankfurt und New York: Campus, 1997

Opaschowski, Horst W.: DEUTSCHLAND 2010. Wie wir morgen leben – Voraussagen der Wissenschaft zur Zukunft unserer Gesellschaft. Hamburg: British-American Tobacco (BAT), 1997

– FEIERABEND? Von der Zukunft ohne Arbeit zur Arbeit mit Zukunft. Opladen: Leske+Budrich, 1998

Ornstein, Robert E.: ON THE EXPERIENCE OF TIME. Boulder, CO: Westview Press, 1997

Ornstein, Robert E. und *Sobel, David:* HEALTHY PLEASURES. 11. Aufl. Reading, Mass.: Addison-Wesley, 1997

Peseschkian, Nossrat: AUF DER SUCHE NACH SINN. Psychotherapie der kleinen Schritte. Frankfurt a. Main: Fischer, 1997

– DER KAUFMANN UND DER PAPAGEI. Orientalische Geschichten als Medien in der Psychotherapie. 21. Aufl. Frankfurt a. Main: Fischer, 1997

- DER NACKTE KAISER. Oder: Wie man die Seele der Kinder versteht und heilt. Augsburg: Pattloch, 1997

Rechtschaffen, Stephan: DU HAST MEHR ZEIT, ALS DU DENKST. Wie jeder für sich den idealen Lebensrhythmus findet. München: Goldmann, 1998

Reheis, Fritz: DIE KREATIVITÄT DER LANGSAMKEIT. Neuer Wohlstand durch Entschleunigung. Darmstadt: Wiss. Buchges., 1996

Rifkin, Jeremy: UHRWERK UNIVERSUM. Die Zeit als Grundkonflikt des Menschen. München: Kindler, 1988

Robbins, Anthony: DAS ROBBINS-POWER-PRINZIP. Wie Sie Ihre wahren inneren Kräfte sofort einsetzen. 5. Aufl. Bonn u. a.: Rentrop, 1995

- GRENZENLOSE ENERGIE. Das Power-Prinzip. Bonn: Rentrop, 1991

Saint-Exupéry, Antoine de: DER KLEINE PRINZ. 6. Aufl. Düsseldorf: Karl Rauch, 1998

Schanz, Günther: DER MANAGER UND SEIN GEHIRN. Neurowissenschaftliche Erkenntnisse im Dienst der Unternehmensführung. Frankfurt a. Main: Peter Lang, 1998

Selye, Hans: THE STRESS OF LIFE. 17. Aufl. New York u. a.: McGraw-Hill, 1987

Sheehy, Gail: NEW PASSAGES. Mapping Your Life across Time. 2. Aufl. New York: Ballantine Books, 1996

- UNDERSTANDING MEN'S PASSAGES. Discovering the New Map of Men's Lives. New York: Random House, 1998

Smith, Hyrum: THE 10 NATURAL LAWS OF SUCCESSFUL TIME AND LIFE MANAGEMENT. Proven Strategies for Increased Productivity and Inner Peace. New York: Warner Books, 1995

Sprenger, Reinhard K.: DIE ENTSCHEIDUNG LIEGT BEI DIR! Wege aus der alltäglichen Unzufriedenheit. 13. Aufl. Frankfurt und New York: Campus, 2004

Virilio, Paul: REVOLUTIONEN DER GESCHWINDIGKEIT. Berlin: Merve, 1993

Work-Life-Balance Expert-Group (Hrsg.): WORK LIFE BALANCE. Leistung und Liebe leben. Frankfurt: Redline, 2004 (u. a. mit einem Beitrag von Lothar Seiwert)

Wright, Robert J.: BEYOND TIME MANAGEMENT. Business with Purpose. Boston u. a.: Butterworth-Heinemann, 1997

WWF (World Wildlife Fund for Nature) und *PRO FUTURA (Hrsg.):* ZEIT ZU LEBEN. Vom Umgang mit einem kostbaren Gut. München: Pro Futura, 1997

Publikationen des Autors über Time-Management, Life-Leadership und Work-Life-Balance

Friedrich, Kerstin, Seiwert, Lothar J. und Geffroy, Edgar K.: DAS NEUE 1X1 DER ERFOLGSSTRATEGIE. EKS® – Erfolg durch Spezialisierung. 12. Aufl. Offenbach: Gabal, 2008

Koenig, Detlef, Roth, Susanne und Seiwert, Lothar J.: 30 MINUTEN FÜR OPTIMALE SELBSTORGANISATION. 10. Aufl. Offenbach: Gabal, 2009

Küstenmacher, Werner Tiki, mit Seiwert, Lothar J.: SIMPLIFY YOUR LIFE. Einfacher und glücklicher leben. 16. Aufl. Frankfurt/New York: Campus, 2008

Schimmel-Schloo, Martina, Seiwert, Lothar J. und Wagner, Hardy (Hrsg.): PERSÖNLICHKEITS-MODELLE. Die wichtigsten Modelle für Coaches, Trainer und Personalentwickler. Offenbach: Gabal, 2002

Seiwert, Lothar J.: BALANCE YOUR LIFE. Die Kunst, sich selbst zu führen. 2. Aufl. München: Piper, 2006

Seiwert, Lothar: DAS BUMERANG-PRINZIP: DON'T HURRY, BE HAPPY. In fünf Schritten zum Lebenskünstler. 2. Aufl. München: Gräfe und Unzer, 2005

Seiwert, Lothar: DAS BUMERANG-PRINZIP: MEHR ZEIT FÜRS GLÜCK. Life-Balance: Gesünder, erfolgreicher und zufriedener leben. 3. Aufl. München: Deutscher Taschenbuch Verlag, 2008 (www.bumerangprinzip.de)

Seiwert, Lothar: DAS NEUE 1X1 DES ZEITMANAGEMENT. Zeit im Griff. Ziele in Balance. 30. Aufl. München: Gräfe und Unzer, 2008

Seiwert, Lothar: DIE BÄREN-STRATEGIE. In der Ruhe liegt die Kraft. München: Ariston/Hugendubel, 2007 (www.baeren-strategie.de)

Seiwert, Lothar J.: 30 MINUTEN FÜR OPTIMALES ZEITMANAGEMENT. 13. Aufl. Offenbach: Gabal, 2008

Seiwert, Lothar: NOCH MEHR ZEIT FÜR DAS WESENTLICHE. Zeitmanagement neu entdecken. München: Ariston/Hugendubel, 2006

Seiwert, Lothar und Gay, Friedbert: DAS NEUE 1X1 DER PERSÖNLICHKEIT. Sich selbst und andere besser verstehen mit dem DISG-Modell. 20. Aufl. München: Gräfe und Unzer, 2008

Seiwert, Lothar J. und Kammerer, Doro: ENDLICH ZEIT FÜR MICH! Wie Frauen mit Zeitmanagement Arbeit und Privatleben unter einen Hut bringen. 2. Aufl. Landsberg a. Lech: mvg-Verlag, 2000

Seiwert, Lothar J. und *Konnertz, Dirk*: ZEITMANAGEMENT FÜR KIDS – fit in 30 Minuten. Mehr Zeit für das, was Spaß macht. 4. Aufl. Offenbach: Gabal, 2006

Seiwert, Lothar J., *Müller, Horst* und *Labaek, Anette*: 30 MINUTEN – ZEITMANAGEMENT FÜR CHAOTEN. 10. Aufl. Offenbach: Gabal, 2009

Seiwert, Lothar J. und *Tracy, Brian*: LIFE-LEADERSHIP. So bekommen Sie Ihr Leben in Balance. 2. Aufl. Offenbach: Gabal, 2007

Seiwert, Lothar, Wöltje, Holger und *Obermayr, Christian*: ZEITMANAGEMENT MIT MICROSOFT OFFICE OUTLOOK. Die Zeit im Griff mit der meist genutzten Bürosoftware – Strategien, Tipps und Techniken. 6. Aufl. Unterschleißheim (München): Microsoft Press, 2008 (jetzt mit zusätzlichen Video-Lektionen im Web)

Newsletter

Simplify your Time. Von *Lothar Seiwert*. Wöchentlicher E-Mail-Newsletter. Bonn: VNR Verlag für die deutsche Wirtschaft, 2007 ff. (*www.aktueller-rat.de*)

SEIWERT-TIPP: 1 Minute für 1 Woche in Balance. Ihr persönliches Erfolgscoaching mit jeweils **einem** konkreten Tipp zu den vier Lebensbereichen Job, Kontakt, Body&Mind. Kurzer, knapper *e-Newsletter* mit praktisch umsetzbarem Sofort-Nutzen (**kostenlos**, erscheint wöchentlich), zu abonnieren unter:
www.seiwert.de und **www.bumerang-prinzip.de** und **www.baeren-strategie.de**

Register

Aktion 151, 153
Anti-Stress-Programm 179
a.s.a.p. (as soon as possible) 17
Auszeit 30, 65

Bedürfnisse 29, 104
Beruf/Berufsleben 69 f., 79 f., 88, 93, 106, 127 f.
Berufliche Anforderungen 10 f., 177
Beschleunigung 12, 21
Brainstorming 53 f.

Denkmuster 52
Diktat des Dringlichen 143, 146 f., 151, 165
Divergente Stärken 55
Divergenter Typ 51–61
Divergentes Zeitmanagement 55
Downsizing 10, 177
Dringliche Dinge 143–149, 161
Druck von außen 146

Effektivität 60, 66, 79, 85, 87, 126, 141, 156 f.
Effizienz 28, 66
Eigenes Tempo 176

Einflüsse 103, 113
Eisenhower-Prinzip 144
Entschleunigung 12, 20, 27
Entspannung 10, 22, 25, 27
Erfolgspyramide 12, 79, 85, 87, 126, 141, 157
Erfolgstagebuch 163 f.
Eustress 188
Externe Termine 147
Extrinsische Motivation 29

Familie 10, 28, 58, 70, 73–75, 80, 128 f., 150 f., 176
Flexibles Zeitmanagement 52, 56, 158, 161
Flow 12, 188–191
Freiräume 147, 170, 182, 201
Freizeit 9 f., 25 f., 74, 80, 129
Freude/Lebensfreude 29, 49, 58, 60 f.
Fünf-Minuten-Schreib-Methode 116 f.

Ganzheitliches Zeitmanagement 75
Gemeinsame Vision 89
Gemischte Zeit 44
Geschwindigkeit 11, 15, 17, 61, 170

Gesundheit 60, 70 f., 73 f., 128, 176
Gewohnheiten 177, 198
Glück 12, 188, 191–196, 198–200
Glückshormone 184, 199

Haben 106 f.
Herausforderungen 188–190
Hetz-Krankheit 9, 23–29
High Joy 60
High Speed 27, 60, 170
Hirndominanzen 30, 32 f., 40 f., 43
Hirndominanz-Profil 33–38
Hirnforschung 30–32
Hurry Sickness 9, 24–25, 27

Immaterielle Werte 106, 108 f., 119
Individuelles/Persönliches Zeitmanagement 32, 41, 44, 46
Informationsflut 24
Innere Stimme 29, 114, 191
Innerer Antrieb 29
Inspiration 89
Interne Termine 147
Intrinsische Motivation 29

Kalender 56–58, 65, 67 f., 149, 172
Kann-Option 54
Kieselprinzip 153
KISS-Formel 116
Konvergente Stärken 55
Konvergenter Typ 51–56, 58–61
Kreatives Potenzial 60

Lachen 184, 198

Langsamkeit 11, 15, 19 f., 170, 172
Lebensbalance 70–72, 75, 106 f., 133, 151, 154, 200
Lebensbereiche 69, 71–74, 104, 164, 200
Lebensbetrachtung 95 f.
Lebensbilanz 151
Lebensgestaltung 10, 64, 79 f., 177
Lebenshüte 12, 86, 125–140, 154 f., 164
Lebenskonzept 90
Lebensmanagement 62, 67, 69, 80, 142 f., 169, 174
Lebensplanung 120, 122
Lebensqualität 10 f., 25, 28, 80 f., 106, 133, 170
Lebensrollen 12, 86, 125–140, 150, 164
Lebenssinn 63, 90
Lebensvision *(s. auch Vision)* 12, 65, 67, 86, 89 f., 93 f., 103 f., 114, 116–120, 125, 139, 149, 164, 176, 200
Lebensziele 11 f., 67 f., 79 f., 86–88, 90–92, 95, 104 f., 116 f., 149, 154, 158, 165, 176 f., 192, 199, 201
Lebenszyklen 80 f.
Leistungsfähigkeit 71
Leitbild 87–94, 104, 114–117, 119, 139, 143, 149, 152
Leitbild-Entwurf 114, 116
Leitfragen 115
Life-Leadership® 10 f., 64, 85
Lineare Zeit 43 f.
Linkshirnige Menschen 41 f., 44, 51, 61

Materielle Werte 106, 108 f., 119
Mini-Leitbilder 134, 139
Mission Statement 90–92, 94
Monochronische Menschen 23, 44–46, 48–50, 61
Motivation 71, 89, 163, 194
Muss-Aufgabe 54, 176

Natürlicher Lebensrhythmus 21
Natürlicher Zeitrhythmus 11, 19, 21
Neid 194
Neues Zeitmanagement 16, 21
Nutzenbieten für andere 110

Operatives Zeitmanagement 65
Organizer 56 f., 65

Panik 9, 25
Persönliche Bestandsaufnahme 95 f.
Persönliche Grabrede 93
Persönliches Interesse 29, 201
Persönlichkeitsentfaltung 80
Persönlichkeitsentwicklung 80
Plus-Minus-Null-Regel 181
Polychronische Menschen 23, 44–46, 48, 50, 61
Prioritäten 65 f., 104, 134, 141, 147, 150, 153, 159, 161, 165
Prioritäten setzen 54–56, 142, 144, 147, 158, 181
Prioritätenmanagement 142, 144
Prioritäten-Matrix 144, 148
Prioritätenplanung 12, 86, 141, 149, 151, 153 f., 156, 158
Privatleben 9, 33, 69 f., 73, 88, 90, 93, 106, 118, 127 f.

Rechtshirnige Menschen 40–42, 44, 51, 61
Regeln 42
Rückwärts-Betrachtung 93
Ruhe 22

Schnelligkeit 16, 18, 60
Sein 106 f.
Selbsteinschätzung 33
Selbstgespräch 184
Selbstmanagement 10 f., 62, 64, 67 f., 80, 177
Selbstmotivation 86
Selbstverantwortung 176
Selbstverwirklichung 80
Slobbies 15, 169–172
Speedmanagement 17–19
Stärken 51 f., 92, 163, 190, 194
Stress 9, 12, 27, 81, 133, 144, 158, 178–180, 182–189, 192
Stressabbau 182, 187
Stresserkrankungen 9, 25
Stressfaktoren reduzieren 180
Stresskarte 180
Stressoren 12, 178, 180

Tagesarbeit 86, 152, 157
Tagesgeschäft 12, 151
Tagesorganisation 158
Tagesplanung 51, 65, 90, 150, 154, 160–163
Tempo 10–12, 19 f., 24 f., 27, 177
TimeShift 23
To-do-Liste 25, 40, 53 f., 65
Traditionelles Zeitmanagement 16
Träume 29, 89, 104, 106, 114, 120

Unerreichbare Ziele 194
Unterbewusstsein 104, 116, 160

Vergangenheit 95
Verhaltensmuster 52
Vision *(s. auch Lebensvision)* 87–90, 92, 94, 105, 114 f., 119 f., 135, 143, 150–154
Vorbilder 103, 112 f.

Werte 95, 109, 112, 144
Wichtige Dinge 143–145, 149 f., 154, 161, 164 f.
Wie ich mich fühle-Tagebuch 197
Wochen-Kompass 154–156
Wochenplanung 86, 90, 150–156, 158
Wohlfühlbalance 73
Work-Life-Balance 12, 69–73, 165
Worthülsen 114, 134
Wunsch-und-Bedürfnis-Motivation 29
Wünsche 10, 29, 64, 89, 95, 104, 106–110, 114, 120, 122 f., 143, 150 f., 154, 176 f., 200

Zeitbalance 10 f., 154, 165, 169, 177
Zeitbewusstsein 23, 43, 63
Zeitbudget 79
Zeitfenster 147, 153
Zeitkultur 11, 21, 23
Zeitlimit 160
Zeitmanagement 11 f., 15–17, 21, 23 f., 32, 41 f., 44, 46 f., 52–55, 58, 62, 64–69, 75, 129, 142 f., 148 f., 165, 169, 176 f., 200 f.
Zeitmaß 21
Zeitökologie 17, 19, 21
Zeitordnung 21 f.
Zeitplanbuch 65, 127, 142, 154, 160, 163
Zeitqualität 73, 129
Zeitsouveränität 64, 80, 85, 156, 201
Zeitstress 66, 74
Zeitsünden 159
Zeitverständnis 47
Ziele 29, 44, 86, 89, 104, 106, 114, 118, 120, 123, 143 f., 147, 150 f., 154, 161, 163–165, 180 f., 189, 193, 199
Zielmanagement 67 f., 148 f.
Zufriedenheit 174, 176
Zufriedenheitsziele 175
Zukunft 74, 88, 92, 95, 103, 116, 144, 164, 196
Zukunftstraum 103
Zukunftsvorstellungen 89, 92, 104
Zwang 176
Zweites Erwachsenenalter 80 f., 84

Der Newsletter zu diesem Buch!

Wir helfen Ihnen,
dass **Ihr Leben**
einfacher wird!

3 Ausgaben für Sie GRATIS

Dieses Buch hat Ihnen gezeigt: Wir wollen, dass Sie es einfacher haben. Dass Sie glücklicher, gesünder und zufriedener leben können.

Wenn Sie regelmäßig einen „**simplify**-Anstoß" oder eine „**simplify**-Auffrischung" haben möchten, darf ich Ihnen heute unseren monatlichen Beratungsdienst **simplify your life** vorstellen:

Mit **simplify your life** erhalten Sie die Essenz aus den erfolgreichsten dieser Methoden – sozusagen Orangensaft anstelle einer Apfelsinenplantage auf Ihrem Grundstück. Wir lesen uns für Sie durch Berge von Büchern und trennen die Spreu vom Weizen.

Mit **simplify your life** testen wir für Sie, was es zu dem Thema gibt, und setzen es für Ihre Situation um. Dabei fühlen wir uns nicht als Gurus („machen Sie's wie wir"), sondern als Partner. In vielen der besprochenen Probleme stecken wir selber und suchen nach Lösungen. So sehen wir, was wirklich hilft und wo leere Versprechungen gemacht werden.

Wir versprechen Ihnen hier nichts Unhaltbares („rich, beautiful and happy in 30 days"), sondern möchten Sie in die richtige Richtung führen: einfacher statt immer komplexer, glücklicher statt immer belasteter. Dazu ist ein Newsletter das ideale Medium: Von Monat zu Monat erhalten Sie neue Anregungen, in einem menschenfreundlichen Tempo. Schon nach einem halben Jahr werden Sie erstaunt feststellen, wie viel Sie in sechs Einzelschritten vorwärtsgekommen sind.

Benutzen Sie diesen Newsletter ruhig so, wie sich ein Gourmet am Büfett bedient: Picken Sie sich heraus, was Ihnen persönlich gefällt – und lassen Sie alles andere einfach (!) beiseite. Wir wünschen Ihnen jedenfalls, dass Sie Geschmack finden an der neuen Einfachheit.

Mit dem Coupon rechts auf dieser Seite können Sie jetzt **3 Ausgaben kostenlos** und unverbindlich testen! Einfach ausschneiden, auf eine Postkarte kleben und senden an: **simplify your life**, Theodor-Heuss-Str. 2–4, 53095 Bonn. Oder kopieren Sie diese Seite und faxen uns dann den Coupon an: **FAX: 0228 359710**.

Herzlichst Ihre

Ihre Marion Küstenmacher
Ihr Werner Tiki Küstenmacher

Marion und Werner Küstenmacher, Chefredaktion

---

3 Ausgaben kostenlos!

Ich nehme Ihren Vorschlag an, den Beratungsdienst **simplify your life** 3 Monate lang kostenlos und unverbindlich zu testen. Sie senden mir 3 Monate lang je 1 Ausgabe zu. Wenn ich Ihnen innerhalb von 14 Tagen nach Erhalt der dritten Ausgabe keine gegenteilige Mitteilung mache, möchte ich **simplify your life** regelmäßig erhalten und nutzen. Sie senden mir dann jeden Monat jeweils die neueste Ausgabe (plus 1–2 Spezialausgaben pro Jahr) zum Einzelpreis von 8,50 Euro (inkl. Porto) zu. Den Bezug kann ich jederzeit stoppen. Eine kurze Mitteilung genügt.

Vorname/ Name GEL 7217

Str./Nr.

PLZ/Ort

Datum:................ Unterschrift: **X**

E-Mail:

Coupon einfach ausfüllen, ausschneiden, auf Postkarte kleben und heute noch senden an: „simplify your life – Einfacher und glücklicher leben", Theodor-Heuss-Str. 2–4, 53095 Bonn. Oder faxen Sie die ganze Seite an Fax: (0228) 35 97 10

GRATIS

3 Ausgaben simplify your life jetzt mit Ihrem Coupon rechts anfordern

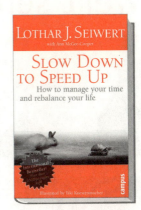

Lothar J. Seiwert
SLOW DOWN TO SPEED UP
How to manage your time
and rebalance your life
2008 · 224 Seiten
ISBN 978-3-593-38398-9

Today is the first day of the rest of your life!

Our daily lives are hectic and complex. Merely saving time has long ceased to be enough, which is why Lothar J. Seiwert, Germany's pre-eminent time management authority, promotes holistic life management. In this first English edition of his best-selling book, he shows how we can improve the quality of our lives through better organization of the professional and private spheres.

Seiwert writes about living life actively, about taking the initiative, about shaping every single day and consciously creating more pleasant moments.

Gerne schicken wir Ihnen unsere aktuellen Prospekte:
vertrieb@campus.de · www.campus.de

Frankfurt · New York

Seiwert sehen, Seiwert

Prof. Dr. Lothar Seiwert
„Er ist in der Szene der Zeit-
management-Experten schlicht
die Größe."
Bild der Wissenschaft

Mehr als vier Millionen Menschen haben seine Bücher gelesen, mehr als 400.000 haben ihn live als Trainer und Sprecher erlebt: Lothar Seiwert ist unangefochten Europas führender und bekanntester Experte für das neue Zeit- und Lebensmanagement.

Er gehört zum Kreis der „Excellent Speakers" in Europa und stand mit Bill Clinton auf der Bühne. Er ist mit über 50 Büchern, Videos und Audios einer der erfolgreichsten Sachbuchautoren Europas.

Sein bekanntestes Buch „Simplify Your Life" (mit Tiki Küstenmacher) ist zu einem weltweiten Megaseller in mehr als 30 Sprachen avanciert.

LOTHAR SEIWERT

SEIWERT KEYNOTE-SPEAKER GMBH ■ TIME-MANAGEMENT UND LIFE-LEADERSHIP®
ADOLF-RAUSCH-STR. 7 ■ D-69124 HEIDELBERG
FON: 07000-734 93 78 ODER 07000-SEIWERT
FAX: 0 62 21 / 78 77 22 ■ E-MAIL: B.AUE@SEIWERT.DE ■ WWW.LOTHAR-SEIWERT.DE

hören, Seiwert erleben

- Sie möchten das Original live auf der Bühne erleben?
- Ein impulsives Highlight für Ihren Event?
- Rednerische Höhenflüge zu einem Thema mit Tiefgang?

Wir informieren Sie gerne über:

☐ Faszinierende und inspirierende Vorträge mit „Deutschlands führendem Zeitmanager" (Focus)

☐ Offene Seminare zu Time-Management und Life-Leadership® mit Prof. Lothar Seiwert

Ein ausgezeichneter Redner

- Internationaler Trainingspreis „Excellence in Practice" der ASTD (USA)
- Benjamin-Franklin-Preis für das „Beste Business-Buch des Jahres"
- Management-Strategie-Preis von FAZ und KPMG
- Deutscher Trainingspreis des BDVT
- Deutscher Strategiepreis des Strategie-Forums e.V.
- Hall of Fame® der German Speakers Association (GSA)
- Life-Achievement-Award der Weiterbildungsbranche für das Lebenswerk
- Conga-Award 2008 für exzellente Leistungen als Business-Speaker

EXKLUSIV UND NUR BEI UNS!

Das neue Zeit- und Lebensmanagement in einer beschleunigten Welt

Power-Seminare mit „Deutschlands führendem Zeitmanager" (FOCUS)

Wenn nicht jetzt, wann dann?

Sie möchten mehr Zeit für das Wesentliche? Sie suchen nutzbringende Strategien für eine gesunde Balance zwischen Arbeit, Familie und Freizeit? Ein Lebensmanagement, das zufriedener, erfolgreicher und glücklicher macht?

Wenn nicht er, wer dann?

Mit den Seminaren von **Prof. Dr. Lothar Seiwert,** Europas führendem Experten für ein neues Zeit- und Lebensmanagement, gewinnen Sie ein neues Zeitbewusstsein. Profitieren Sie sofort von neuen Perspektiven in Sachen Zeit- und Lebenseinstellung und seinem umfassenden Know-how zur Zeitplanung.

Optimales Zeitmanagement: Mehr Zeit für das Wesentliche

1-Tages-Power-Seminar

Mit dem Seminar werden Sie:

- Ihre Aufgaben und Aktivitäten besser überblicken
- Ihre Arbeits- und Selbstorganisation optimieren
- Ihre Zeit klug einteilen und planen
- Stress und Termindruck vermeiden
- Wertvolle Zeitreserven entdecken
- Eindeutige Prioritäten mit der ABC-Methode setzen
- Erfolgreiche Praxis-Tipps mitnehmen

Life-Leadership®: Das neue Zeitmanagement

1-Tages-Intensiv-Seminar

Mit dem Seminar werden Sie:

- Effektivität und Zeitsouveränität gewinnen
- Klarheit über Ihre Ziele, Ihre Werte und Ihre Lebensvision bekommen
- Ihr Leben entschleunigen und den Alltagsstress besiegen
- Ihre Ziele Schritt für Schritt verwirklichen
- Dringendes von Wichtigem unterscheiden lernen

Aktuelle Seminartermine unter www.seiwert.de und www.teamconnex.com

SEIWERT/INSTITUT
TIME-MANAGEMENT UND LIFE-LEADERSHIP

TEAM CONNEX AG • Schönbuchstr. 48 • 71155 Altdorf
Tel. +49 7031 2703-0 • Fax +49 7031 2703-88 • partner@teamconnex.com